D1924747

THEODOR MUCH

Wer killte Rabbi Jesus?

RELIGIÖSE WURZELN DER JUDENFEINDSCHAFT

K&S

Autor und Verlag danken der Edition Va Bene für die freundliche Genehmigung zum Abdruck der Passagen auf den Seiten 30–46, 51/52, 95/96 und 99–110, die in Theodor Muchs Buch „Zwischen Mythos und Realität – Judentum, wie es wirklich ist“ (2008) erschienen sind.

www.kremayr-scheriau.at

ISBN 978-3-218-00816-7
Copyright © 2010 by Verlag Kremayr & Scheriau KG, Wien
Alle Rechte vorbehalten
Schutzumschlaggestaltung: Kurt Hamtil
unter Verwendung eines Fotos von iStockphoto.com/Richard Goerg
Grafische Gestaltung und Satz: Kurt Hamtil
Lektorat: Doris Schwarzer
Druck und Bindung: Druckerei Theiss GmbH, St. Stefan i. Lavanttal

Gewidmet meiner jüngsten Enkelin
Jael Lumi Katharina
im fernen Finnisch Lappland

Inhalt

Der Tod Jesu und der Dialog von Juden und Christen 9
von Michael Bünker

Ja, wenn das so ist ... 12
von Hubert Feichtlbauer

Einleitung: Warum das Buch? 15

Historischer Hintergrund 21
Rom und Judäa • 21
Eine pluralistische Gesellschaft • 24
Der Sanhedrin und die Rechtsprechung im alten Israel • 28

Ecksteine und Wesen des Judentums 30
Der Gottesbegriff • 32
Die Offenbarungslehre • 33
Die Bundesidee und das Land Israel • 34
Die „Auserwählung" – der missverstandene Begriff • 35
Das Gebet • 37
Das Menschenbild • 38
Die Mizwa und ihre Interpretation • 39
Die Zehn Gebote • 39, Nächstenliebe und das Verbot von Rachegelüsten • 40, Friede • 42, Die Ehre des Menschen • 44 Leben und Gesundheit (Lebenserhaltung) • 44, Wohltätigkeit • 45 Ehrlichkeit im Geschäftsleben • 45
Das jüdische Messiasbild und die Auferstehung der Toten • 46
Das Staatsrecht • 50
Pluralismus • 50

Die Konversion zum Judentum 51

Was ist ein Rabbiner, was kennzeichnet Propheten? 53

Die Evangelien 56

Die Botschaft des Rabbi Jesus nach Darstellung der Evangelien und im Spiegel der jüdischen Tradition 60

Leben und Tod des Rabbi Jesus 68
Welcher Gruppierung im Judentum stand Jesus nahe? • 68
Verstieß Rabbi Jesus gegen das jüdische Gesetz? • 70
Der Einzug in Jerusalem • 75
Festnahme und Prozess des Rabbi Jesus • 76
Die Festnahme • 76, Der „Prozess“ • 79
Wer killte Rabbi Jesus? • 80

Antijudaismus und Antisemitismus 87
Antijüdische Beschimpfungen und Vorwürfe im Neuen Testament • 87
Antijudaismus: der Beginn • 89
Vom (religiösen) Antijudaismus zum (säkularen) Antisemitismus • 91
Judenmission • 92
Antisemitismus heute • 94

Ein Schlusswort 97

Anhang 99
Hauptereignisse der jüdischen Geschichte • 99
Glossar • 111
Danksagung • 117
Weiterführende Literatur • 119
Anmerkungen und Quellen • 122

Abkürzungsverzeichnis

Am = Amos; Apg = Apostelgeschichte; Dan = Daniel; Dtn = Deuteronomium (5 Mose); Ex = Exodus (2 Mose); Ez = Ezechiel; Gen = Genesis (1 Mose); Hebr = Hebräer; Jer = Jeremia; Jes = Jesaja; Joh = Johannes; Jos = Josua; Kön = Könige; Lev = Leviticus (3 Mose); Lk = Lukas; Mk = Markus; Mt = Matthäus; Neh = Nechamia; Num = Numeri (4 Mose); Petr = Petrus; Ps = Psalm; Ri = Richter; Röm = Römer; Sach = Sacharja; Thess = Thessalonicher; Tit = Titus; Tob = Tobias.

Tal = Talmud (Tal b = Babylonischer Talmud; Tal y = Jerusalemer Talmud):
BK = Baba Qamma; BM = Baba Metzia; Git = Gittin; P. = Pirkei; Per = Peruschim; Pes = Pessachim; San = Sanhedrin; Shab = Schabbat; Sot = Sotah; Tos = Tosefta; Yom = Joma.

Der Tod Jesu und der Dialog von Juden und Christen

Michael Bünker

Wer ist schuld am Tod Jesu? Die Antwort auf diese Frage ist durch Jahrhunderte mit dem Vorwurf des „Gottesmordes“ an die Juden verbunden worden. Erst nach der Erfahrung der eigenen schuldhaften Verstrickung in den modernen Antisemitismus, der in der Schoa gipfelte, kam es in den Kirchen zu einem grundlegenden Umdenken. Die historische Forschung weiß seit Langem, dass die Verantwortung für die Hinrichtung Jesu bei den Römern lag. Es ist außerdem davon auszugehen, dass die damalige Besatzungsmacht auf Initiative der Jerusalemer Lokalaristokratie am Tempel gehandelt hat. Hinter dem Tod Jesu steht also der Konflikt eines charismatischen Wanderpredigers aus Galiläa und der städtischen Elite in Jerusalem, zwischen der tempelkritischen Erneuerungspredigt und den Interessen am Status quo. Diese historisch zutreffende Sicht lässt sich aus den Evangelien bestätigen. Gleichzeitig ist in den Evangelien eine andere Sicht zu erkennen, vor allem die zunehmende Tendenz, die Römer zu entlasten und im Gegenzug die Juden zu belasten. So wird zum Beispiel aus dem Verhör vor dem Sanhedrin ein Prozess mit Urteilsspruch, so wird auch das Volk Zug um Zug am Tod Jesu mitverantwortlich gemacht.

Nun sind die Passionsberichte der Evangelien keine historischen Protokolle. Sie wollen aus der späteren Erfahrung der Auferstehung heraus den Tod Jesu theologisch verstehen. Dabei greifen alle Evangelisten auf überlieferte biblische Deutungsmuster zurück, etwa auf Psalm 22, den Jesus am Kreuz gebetet hat; sie beschreiben die Vorstellung vom unschuldigen Leiden des Gerechten als Vorbild für die aktuelle Verfolgungssituation der christlichen Gemeinde; sie beziehen sich auf Überlieferungen vom stellvertretenden Leiden und andere. Letztlich ist damit die Grundlage gegeben, dass jenseits aller historischen Fragen die Einsicht entstehen konnte, dass am Leiden und Sterben Jesu jeder Christ, jede Christin „schuld“ ist. „Nun, was du, Herr, erduldet, ist alles meine Last, ich hab es selbst verschuldet, was du getragen hast“, heißt es in der vierten Strophe des bekannten Passionslieds „O Haupt voll Blut und Wunden“ von Paul Gerhardt (1607–1676).

Die Schriften des Neuen Testaments enthalten beides: Polemische Abgrenzungen vom Judentum, die später zum festen Repertoire des christlichen Antijudaismus gehörten, stehen neben positiven Aussagen, etwa bei Johannes: „Das Heil kommt von den Juden“[1] oder bei Paulus, der das Judentum als die Wurzel beschreibt, der das neue Bekenntnis an Jesus Christus bleibend verbunden ist,[2] und das unwiderruflich in der Gnade und Berufung steht, die Gott gewährt.[3] Bei der Beurteilung dieser Widersprüche darf nicht vergessen werden, dass es sich dabei immer um innerjüdische Auseinandersetzungen gehandelt hat. Erst die weitere Entwicklung und die spätere Wirkungsgeschichte machen daraus Belege für einen Konflikt zwischen „den“ Juden und „den“ Christen. Unstrittig ist, dass Jesus als Jude gelebt hat, gebetet hat und gestorben ist. So verbindet Christentum und Judentum der Glaube Jesu, auch wenn uns der Glaube an Jesus als den Christus unterscheidet. Daher sind auch die unterschiedlichen Aussagen der Evangelien und der anderen Schriften des frühen Christentums von diesem Glauben Jesu als Juden zu verstehen.

Die evangelischen Kirchen Europas haben in dem Dokument „Kirche und Israel“ von 2001 ihr Verständnis des Verhältnisses von Christen und Juden dargelegt. Aus der theologischen Einsicht, dass der christliche Glaube im jüdischen wurzelt und die Kirche von Anfang an auf Israel bezogen ist, folgt, dass die Beschäftigung mit Israel im Leben der Kirche heute vertieft werden muss. Das hat Konsequenzen für die Verkündigung, den Unterricht und das ganze Leben der Kirche. „Christliche Verkündigung bringt die Verbindung des christlichen Glaubens mit dem Judentum zum Ausdruck. Sie tritt insbesondere allen Versuchen entgegen, den angeblich unbarmherzigen, rächenden Gott des Alten Testaments dem barmherzigen, gnädigen Gott des Neuen Testaments gegenüberzustellen. Sie trägt zur Überwindung des bis heute nachwirkenden Vorwurfs bei, die Juden seien ‚Gottesmörder'."[4]

Theodor Much ist Arzt und ein „unheilbarer" Aufklärer. Sein Vertrauen auf Argumente und vernünftige Auseinandersetzung entspringt aufgeklärtem Geist, nämlich dem Mut, sich des eigenen Verstandes zu bedienen (Immanuel Kant). Dieser Geist begegnet der Einsicht, dass die heiligen Schriften des Christentums kritischer Auslegung bedürfen. Ich wünsche seinem Buch, dass es zum eigenen (Nach-)Lesen in der Bibel anregt und dem rechten Verständnis der christlichen Tradition ebenso dient wie einem erneuerten Gespräch zwischen Christen und Juden.

Ja, wenn das so ist ...

Hubert Feichtlbauer

Der Dialog zwischen Christen und Juden ist ein zartes Pflänzchen. Jahrelang war er überhaupt nur ein eher verlegenes Einreden von Christen auf die Juden, von denen nur eine Minderheit den Worten der christlichen Minderheit zuhörte. Das Zweite Vatikanische Konzil setzte Wegmarken, die sein fürsorglicher geistlicher Vater, Johannes XXIII., liebevoll, sein Nachfolger Paul VI. ängstlich bemüht, Johannes Paul II. mit starken Gesten betrieb und Benedikt XVI. hoheitsvoll (und immer wieder missverstanden) theologisch zu ergänzen versucht. Auf religionswissenschaftlicher Ebene redet es sich ein bisschen leichter als in päpstlichen Vorlesungen.

In der Praxis ist im letzten halben Jahrhundert viel geschehen, wie wir in Österreich seit den Veröffentlichungen von Kurt Schubert und Erika Weinzierl bald nach der NS-Herrschaft erfreut feststellen können. Auf jüdischer Seite verdanken wir nicht zuletzt dem ersten Wiener Dialogpionier, Otto Herz, dem auch hierzulande stark sichtbaren Pinchas Lapide sowie Peter Landesmann Einblicke ins jüdische Leben. Und Theodor Much, dem Facharzt für Dermatologie, der sich besonders in den letzten Jahren zu einem fruchtbaren, oft auch humorvollen Autor in Sachen Religionsdialog entwickelt hat.

Dieses Mal hat er seinen Überlegungen einen Knüller-Titel verpasst: „Wer killte Rabbi Jesus?“ (Titelbegründung: „Die Geschichte der Judenverfolgungen passt sehr wohl in das Westernklischee.“) Dahinter steckt kein geringeres Anliegen, als die Fragen zu beantworten, wie es zu dem 2000 Jahre lang andauernden virulenten christlichen und dann auch säkularen Antijudaismus kommen konnte und warum es auch historisch nicht haltbar ist, „die Juden“ als „Gottesmörder“ zu brandmarken.

Schon aus früheren Büchern kennen wir Muchs verständliche, nachvollziehbare Darstellung dessen, was Juden zu ihren

„festen Fundamenten“ zählen: den Glauben an den einen Schöpfergott, der sich der Menschheit im Nichtjuden Noach, dann aber seinem zu besonderer Verantwortung herangezogenen Volk Israel geoffenbart hat, jeden Menschen zu einer dialogischen Ich-Du-Beziehung einlädt, Sinn in Schöpfung und Geschichte gelegt und allen einen Retter der Welt (den Messias, für Reformjuden ein ohne Personenbezug verstandenes „messianisches Zeitalter für die gesamte Menschheit“) verheißen hat. Da sind die Wurzeln auch des christlichen Glaubens nicht zu übersehen.

Anhand aussagestarker Beispiele argumentiert der Autor seine These, dass der Rabbi Jesus im Wesentlichen die traditionelle jüdische Lehre verkündet und in keiner Weise das Gesetz verletzt habe. Todeswürdige Vergehen waren in damaliger Sicht Gotteslästerung, Götzendienst, Schabbat-Verletzung, Mord, Wahrsagerei, Homosexualität, Ehebruch, Inzest und Sodomie. Nie hätten Juden Propheten umgebracht, und waren sie den Herrschern noch so lästig. Nie habe sich Jesus öffentlich gebrüstet, der kommende Messias zu sein, aber auch keiner jener mindestens zwölf Lehrer, die es vor oder nach ihm sehr wohl getan haben, wurden vor ein jüdisches Gericht gestellt. Jesu Prozessgeständnis, dass er sich als „König der Juden“ sehe, sei für die Juden („Mein Reich ist nicht von dieser Welt“) weniger als für grobschlächtige Römerohren alarmierend und auch die Todesstrafe Kreuzigung typisch römisch gewesen; die jüdische Todesstrafe (nicht ohne Zeugen, nicht ohne Verteidiger, im Sanhedrin nur einstimmig möglich) wurde im Regelfall durch Steinigen vollstreckt.

Also ist der eher als grausam denn weibertraumhörig bekannte Pontius Pilatus der einzige „Killer“ gewesen, selbst wenn ein jüdischer Mob gehetzt und ein paar Sadduzäer kollaboriert haben sollen? Darüber wird man weiter streiten, wie dies schon seit Jahrhunderten in unterschiedlicher Form geschieht. Auch viele Heutige mögen einige von Muchs Thesen für allzu glatt und knetbar halten. In der Grundfeststellung, keinem „Volk“ sei die Verurteilung Jesu anzulasten – dem jüdischen nicht, dem römischen nicht, und nichts rechtfertigt theologisch unterlegten Hass auf Juden –, sind sich beide Seiten längst einig.

Einig sind sie sich freilich auch darüber, dass solche Einsichten im christlichen, im nichtjüdischen Volk noch viel zu wenig Wurzel geschlagen haben. Der diesjährige 100. Jahrestag des Todes des populären Wiener Bürgermeisters Karl Lueger bietet neuerlich Gelegenheit, daran zu erinnern, dass mit Sicherheit weder er noch viele andere christliche Politiker ihren Vulgärantisemitismus auf Auschwitz hingezielt haben. Aber sie haben die religiöse, die intellektuelle und vor allem die emotionale Schranke gegenüber dem Feindbild Juden deutlich gesenkt, sodass sich Hitler mit seinem menschenverachtenden rassischen Vernichtungsfeldzug gegen ein ganzes Volk später leichter als anderswo tat.

Am neuen Much-Buch erfreuen auch eine umfangreiche Zeittafel der jüdischen Geschichte und sechs Seiten mit Begriffserläuterungen, vor allem aber die erkennbare Absicht des Verfassers, den Dialog mit gläubigen Christen nicht als umworbenes Opfer mit einem schwer bestreitbaren Recht auf distanzierte Zurückhaltung zu führen. Bei diesem Autor sind das persönliche Engagement und die Absicht unübersehbar, „Respekt und Augenhöhe“ zu wahren, seine Dialogpartner nicht zu kränken und den Blick auf „theologische und ethische Gemeinsamkeiten und gemeinsame Ziele im 21. Jahrhundert“ zu lenken.

Einleitung: Warum das Buch?

„Diese [die Juden] *haben schon Jesus, den Herrn, getötet und ebenso die Propheten. Auch uns verfolgen sie. Sie missfallen Gott und sind allen Menschen feindlich gesinnt."* (Paulus in 1 Thess 2,15)

„Ihr seid Kinder des Teufels, der ist euer Vater, und nach seinen Wünschen handelt ihr." (Joh 8,44)

Jesus von Nazareth wurde um das Jahr 30 n.d.Z. in Jerusalem festgenommen, verhört, erniedrigt, brutal gefoltert und schließlich gekreuzigt. Er starb, nach der Überlieferung, am römischen Kreuz mit den Worten von Psalm 22,1–2 („Mein Gott, mein Gott, warum hast du mich verlassen?") auf seinen Lippen.[5] So wie Jesus wurden Tausende jüdische Zeitgenossen von der römischen Besatzungsmacht gekreuzigt, es kann angenommen werden, dass viele von ihnen im Sterben ebenfalls Psalm 22 zitierten. Ob Jesus am Kreuz auch das Gebet der Märtyrer – das „Höre Israel"-Gebet („Höre Israel! Der Ewige, unser Gott, der Ewige ist eins. Du sollst den Ewigen, deinen Gott, lieben mit deinem ganzen Herzen, mit deiner ganzen Seele und mit ganzer Kraft")[6] – sprach, ist nicht überliefert. Möglich ist es, denn dieses Glaubensbekenntnis sah er als besonders wichtig an.[7] Wie die Evangelisten berichten, beantwortete er die Frage eines Gesetzeslehrers nach dem wichtigsten Gebot im Judentum wie folgt: „Das wichtigste Gebot ist: ‚Höre Israel … darum liebt ihn von ganzem Herzen …'[8] … und gleich danach kommt: ‚Liebe deinen Nächsten wie dich selbst'" (hier zitiert Jesus eines der zentralsten Gebote der hebräischen Bibel).[9]

Folgt man den Erzählungen der Evangelien, so waren es „die Juden" (Johannes) oder vorwiegend „die Juden" (Matthäus, Markus, Lukas), die dieses Verbrechen – den „Gottesmord" im Verständnis späterer Generationen – begingen, um sich daraufhin selbst zu verfluchen.[10] Die Anschuldigung der Selbstverfluchung wurde von Generation zu Generation weitergegeben, ohne von den meisten Menschen je hinterfragt zu werden. Die Gottesmordlegende, in Verbindung mit vielen religiös motivierten antijüdischen Stereotypen und von der Kirche initiierten antijüdischen Maßnahmen, führte im Laufe der Zeit zwangsläufig zu einem extrem negativen Bild des Judentums als Religion und der Juden als Individuen in ganz Europa.

Unter dem (unsinnigen) Begriff „Antisemitismus" versteht man eine Sammelbezeichnung für alle Einstellungen und Verhaltensweisen, die den als Juden geltenden Einzelpersonen oder Gruppen aufgrund dieser Zugehörigkeit negative Eigenschaften unterstellen, um damit eine Abwertung, Benachteiligung, Verfolgung oder gar Ermordung ideologisch zu rechtfertigen. Anders formuliert: „Es handelt sich um eine Feindschaft gegen Juden, weil sie Juden sind."[11]

Im Gegensatz zum rein religiös motivierten kirchlichen Antijudaismus wird der „moderne" Antisemitismus, in all seinen unterschiedlichen Varianten, immer rassisch begründet, obwohl – wie wir heute wissen – Judentum nicht biologisch definiert werden kann!

Der Antisemitismus in Mitteleuropa – speziell in Deutschland und Österreich – ist ein uraltes und scheinbar unausrottbares Phänomen. Obwohl heute in Österreich, als Folge des Holocausts, nur noch wenige Tausend Juden fast ausschließlich in Wien leben, zeigen alle repräsentativen Umfragen der vergangenen Jahrzehnte, dass sich an der negativen Grundeinstellung der Bevölkerung zum Judentum nicht viel geändert hat.

Selbst die neueste Umfrage der ADL (Anti-Defamation League) von Februar 2009 zu diesem Thema bestätigte alle bereits bekannten Fakten. Laut dieser Studie zweifeln beispielsweise 55 Prozent der Österreicher an der Loyalität österreichischer Juden unserem Land gegenüber, 37 Prozent der Befragten meinen, dass „Juden zu viel Macht an den internationalen Finanzmärkten besitzen", und 17 Prozent glauben immer noch, dass „die Juden – also auch die heute Lebenden – an der Kreuzigung Jesu vor rund 2000 Jahren Schuld tragen". Dazu kommt noch das weit verbreitete

Bild von „typisch jüdischen Eigenschaften" wie etwa: „Juden sind geldgierig, unehrlich, rachsüchtig, nicht vertrauenswürdig, grausam, verstockt und an bestimmten Körpereigenschaften auch erkennbar." Die meisten Befragten glauben auch, dass das Alte Testament – anders als das Neue Testament – ein grausames Buch ist, in dem Nächstenliebe keine Rolle spielt. Solche Ansichten finden wir auch bei honorigen Menschen, die mit Sicherheit keine Antisemiten sind.

So schlimm es auch in Österreich und Deutschland um die vielen antijüdischen Vorurteile steht, ist doch alles harmlos im Vergleich zu Ländern wie Spanien, Ungarn oder Polen, wo – laut allen Meinungsumfragen – 70 Prozent der Bevölkerung eindeutig antisemitisch eingestellt sind.

Es kann unschwer gezeigt werden, dass die meisten der immer noch nicht ausgestorbenen antijüdischen Klischees ursächlich mit den Berichten der Evangelisten und mit der rund 1900 Jahre langen feindlichen Einstellung der Kirche dem Judentum gegenüber untrennbar verbunden sind. Denn wenn schon Kinder im Religionsunterricht über Jahrhunderte – und teilweise bis in die Neuzeit (heute glücklicherweise nur noch selten) – lernten, „dass Juden Gottesmörder, Heuchler, verstockte und ungehorsame Individuen, Prophetenmörder und Feinde aller Menschen sind und ihr Gott ein Gott der Rache ist",[12] dann darf es niemanden wundern, dass bis heute in weiten Bevölkerungskreisen in Europa das altbekannte negative Bild der Juden und des Judentums weiterhin fest verankert ist. Doch nicht nur einfache und ungebildete Menschen hängen derartigen Vorstellungen immer noch nach, auch an sich gebildete, doch erzkonservative Geistliche verbreiten weiterhin judenfeindliche Uraltthesen völlig ungestraft. So meinte etwa der Distriktoberer der österreichischen Piusbrüder Helmut Trutt in einem Interview mit der Zeitung „Österreich" am 2. Februar 2009, dass „das jüdische Volk, auch heute noch, eine Mitschuld an der Tötung von Jesus von Nazareth trägt".

Nüchtern, vielleicht ernüchternd, kann daher festgestellt werden, dass sich antijüdische Stereotypen, trotz aller Aufklärungsbemühungen, auch seitens des Staates und der Kirchen, weiterhin in der Bevölkerung hartnäckig halten und auch in naher Zukunft halten werden.

Die zentralen Aussagen der gut gemeinten kirchlichen Erklärungen der vergangenen Jahrzehnte zum Judentum lauten wie folgt: Die Kirchen verurteilen jede Form des Antijudaismus/Antisemitismus und anerkennen, dass Jesus und all seine Jünger Juden waren (als Juden lebten und auch starben), sie bitten um Vergebung für all die erfolgten Verleumdungen und Verfolgungen von Juden durch Christen zu allen Zeiten und bekräftigen, dass Gott seinen Bund mit Israel nie aufgekündigt hat. Ferner wird der Wunsch auf einen Dialog mit dem Judentum bekräftigt und die evangelischen Kirchen lehnen auch, anders als die katholische Kirche, die aktive Missionierung von Juden ab.[13]

Für moderne Christen steht auch fest, dass niemand den heute lebenden Juden eine Erbschuld an der Ermordung von Rabbi Jesus vor bald 2000 Jahren anlasten kann. Was aber weitgehend unklar bleibt – und das ist auch das Thema dieses Buches –, ist die meiner Überzeugung nach falsche Vorstellung vieler Christen, dass „die Juden" zur Lebzeit von Rabbi Jesus bzw. bestimmte jüdische Gruppierungen, die im Neuen Testament äußerst unsympathisch dargestellt werden, die Hauptverantwortlichen für den Justizmord an Rabbi Jesus waren.

Ich bin auch davon überzeugt, dass für Christen eine gründliche Beschäftigung mit den Lehren und Eckpfeilern des Judentums – und auch das ist Thema dieses Buches – eine Grundvoraussetzung darstellt, um das Judentum und auch die Aussagen und Intentionen des Rabbi Jesus in einem neuen Licht sehen zu können (siehe: „Ecksteine und Wesen des Judentums").

In meinem Buch versuche ich zu den Wurzeln des religiös motivierten Antijudaismus vorzudringen. Ich bemühe mich daher, den Jesus-Prozess und seine Vorgeschichte zu durchleuchten, und stelle dabei die Frage, ob es einen „jüdischen" Prozess gegen Jesus von Nazareth wirklich gab (überhaupt geben konnte), versuche festzustellen, wer denn die natürlichen Feinde und Freunde des Rabbi Jesus waren und ob seine Worte und Taten nach jüdischem Recht überhaupt geahndet werden konnten. Weitere zu beantwortende Fragen lauten: Wer waren die wahren Schuldigen und Nutznießer seiner Ermordung und weshalb schoben die Kirchenväter alle Schuld an Jesu Kreuzigung allein „den Juden“ in die Schuhe und sprachen die Römer von jeder Verantwortung frei?

Es ist auch mein Anliegen, zu zeigen, dass alles, was Jesus predigte oder tat, mit den Grundprinzipien des jüdischen Glaubens im Einklang stand, es also auch keinen stichhaltigen theologischen Grund gab, Jesus wegen seiner Aussagen oder Handlungen vor ein jüdisches Gericht – speziell den Hohen Rat – zu zerren, um ihn danach zum Tode zu verurteilen.

In diesem Buch geht es nicht um die Historizität des Jesus von Nazareth (die ja selbst durch außerchristliche Quellen hinreichend belegt ist) und nicht um christlich-theologische Grundsätze (wie etwa die Wahrheit der Auferstehung), sondern um die negativen Folgen der antijüdischen Berichterstattung – vorwiegend in den Evangelien, oder besser gesagt: um die antijüdische Interpretation einiger dieser Texte durch christliche Theologen – für das gesamte jüdische Volk. Denn sie bestimmten und bestimmen teilweise immer noch das Zerrbild der Juden und des Judentums über bald zwei Jahrtausende, auch wenn genau diese Tatsache vielen Menschen bis heute nicht bewusst ist.

Zielgruppe dieses Buches sind daher aufgeschlossene Christen, die ein Interesse am Judentum und den eigenen Wurzeln im Judentum haben, sowie auch Juden, die sich mit den altbekannten antijüdischen Vorwürfen des Neuen Testaments argumentativ auseinandersetzen wollen.

So hoffe ich mit diesem Buch einen kleinen Beitrag zum so wichtigen christlich-jüdischen Dialog und zum Bekämpfen von antijüdischen Vorurteilen leisten zu können.

Theodor Much, Baden im April 2010

Historischer Hintergrund

Um all die Ereignisse rund um die Kreuzigung von Jesus von Nazareth und die daraus resultierenden Folgen für das christlich-jüdische Verhältnis zu verstehen, ist es erforderlich, auf die Zeit der Römerherrschaft über Judäa, die damaligen sozialen, gesellschaftlichen und politischen Gegebenheiten und auf den Charakter des Pontius Pilatus, unter dessen Herrschaft (wie auch das christliche Glaubensbekenntnis eindeutig formuliert) Jesus leiden musste und hingerichtet wurde, einzugehen.

Rom und Judäa

Im Jahre 167 v.d.Z. erhoben sich in Modiin, nahe Jerusalem, der Priester Mattathias und seine fünf Söhne – sie wurden auch als Hasmonäer und Makkabäer bezeichnet – gegen die brutale Fremdherrschaft der Seleukiden. Deren Reich erstreckte sich nach dem Tod Alexanders des Großen, zumindest zeitweise, von Kleinasien über Syrien, Babylon und Persien bis nach Indien.

Nach dem Sieg der Aufständischen über die Seleukiden unter König Antiochus IV. im Jahre 165 v.d.Z. etablierten Judas Makkabäus – mit Beinamen: „der Hammer" – und seine Nachfolger einen unabhängigen jüdischen Staat und errichteten ein streng religiös orientiertes System von Priesterkönigen. Dieses jüdische Königreich, das unter König Jannäus (103–76 v.d.Z.) zu einem bedeutenden Staat der Region aufgestiegen war, konnte sich 126 Jahre lang halten.

Nach dem Tod von Königin Salome Alexandra stritten sich die beiden Brüder Hyrkanos II. und Aristobulos um die Macht. Es war ein blutiger, sechs Jahre andauernder Bürgerkrieg, in dem sich die Parteien der Sadduzäer, die auf der Seite des Aristobulos standen, und Pharisäer, die Hyrkanos II. unterstützten, grausam bekriegten, wobei Tausende Bewohner Jerusalems hingemetzelt wurden. Der Streit der Brüder, die sich auch um die Gunst der Römer bemühten, endete mit der Intervention Roms und der Eroberung von Jerusalem durch Pompeius im Jahre 63 v.d.Z. König Aristobulos, für den sich die Römer zunächst entschieden, wurde im Auftrag von Pompeius im Jahre 49 v.d.Z. vergiftet. Mit der Ernennung von Herodes durch die Römer zum König (von Roms Gnaden) endete auch das Königreich der Hasmonäer. Herodes der Große herrschte bis zu seinem Tod im Jahre 4 v.d.Z. König Herodes verstand es, sein Gebiet zu erweitern, und um 20 v.d.Z. umfasste das Territorium seines Reiches alle Regionen von Idumäa, Judäa, Samaria, Galiläa bis zu den Jordanquellen und Gebieten jenseits des Jordans. Der im Neuen Testament erwähnte Herodes war nicht Herodes der Große, sondern sein in Rom erzogener Sohn Herodes Antipas, der lediglich über Galiläa und Peräa nordwestlich und östlich des Jordans herrschte. Samaria, Judäa und Idumäa, die Gebiete westlich und südwestlich des Jordans, unterstanden der Verwaltung eines römischen Statthalters.

Pompeius gliederte das gesamte Gebiet in die Provinz Syrien ein; die nicht mehr unter Herrschaft der Hasmonäer stehenden griechischen Städte im Land erhielten den Rang von „civitates liberae", sie waren also weder tributpflichtig noch der römischen Gerichtsbarkeit unterworfen.

Der jüdische Teil des ehemaligen Hasmonäerreiches war hingegen in seinem Status als „civitates stipendiariae" tributpflichtig. Für Außenpolitik und Richtlinien der Innenpolitik bzw. Steuern waren die Römer zuständig. Die innere Verwaltung Judäas, die auf der Autorität des Hohenpriesters in Jerusalem beruhte, blieb weitgehend unangetastet; das galt für religiöse und zivilrechtliche Angelegenheiten. Da aber die Römer die Hohenpriester ernennen und auch absetzen konnten, war es natürlich im ureigensten Interesse Roms, nur solche Männer einzusetzen, die ihnen freundlich gesinnt waren. Hohenpriester, wie etwa Kaiphas, der diese Funktion zwischen 18 und 36 n.d.Z. bekleidete, mussten politisch gesehen auf einem schmalen Grat wandern. Sie waren einerseits verpflichtet, den Befehlen der Römer zu gehorchen, andererseits mussten sie aber auch die Interessen der jüdischen Bevölkerung vertreten. Das heißt aber noch lange nicht, dass die Hohenpriester pauschal als Kollaborateure verurteilt werden können.

Inwieweit der Sanhedrin, der aus 71 Mitgliedern bestehende große Gerichtshof, damals noch befugt war Todesstrafen auszusprechen oder zu vollstrecken, ist unklar. Im Johannesevangelium lesen wir, dass die Juden gesagt haben sollen: „Wir dürfen niemanden töten“[14] (womit gemeint ist, dass die Kapitalgerichtsbarkeit den Juden entzogen wurde), andere Autoren meinen, dass keine vom Sanhedrin verhängte Todesstrafe vollstreckt werden konnte, wenn sie nicht auch im römischen Recht als Verbrechen anerkannt war. Joseph Klausner hingegen vertrat die Ansicht, dass die gesamte Gerichtsbarkeit den Juden durch die Römer entzogen wurde. Möglich ist auch, dass der Hohe Rat zur Rechtsprechung bei Kapitalverbrechen befugt war, dass aber der Verurteilte ein Einspruchsrecht beim römischen Statthalter hatte. In beiden Versionen des Talmuds wird berichtet, dass die Rechtsprechung bei Kapitalverbrechen dem Sanhedrin im Jahre 30 n.d.Z. entzogen wurde.[15] Im Babylonischen Talmud existiert auch ein widersprüchlicher Bericht, demzufolge die Kapitalgerichtsbarkeit dem Hohen Rat erst mit der Zerstörung des Tempels (im Jahre 70 n.d.Z.) verboten wurde.[16] Der bekannte Jurist und Rechtshistoriker Chaim Cohn – er war auch Richter im Obersten Gerichtshof in Israel – ist davon überzeugt, dass der Sanhedrin zu Lebzeiten Jesu alle juristischen Befugnisse zur Behandlung von Kapitalverbrechen behalten hatte (siehe auch: „Der Sanhedrin und die Rechtsprechung im alten Israel“).

In den Jahren 26 bis 36 n.d.Z. war Pontius Pilatus Statthalter (Präfekt) des römischen Kaisers Tiberius in der Provinz Judäa. Der Pilatus der Evangelisten besitzt wenige Gemeinsamkeiten mit dem historischen Tyrannen. Pilatus galt als besonders grausam. In einem Bericht des Philosophen Philon von Alexandrien wird ein Brief von König Agrippa I. an Kaiser Caligula genannt, in dem die Missetaten des Pilatus aufgelistet sind. Erwähnt werden Bestechung, Gewalttaten, Raub, Hinrichtungen ohne Urteilsspruch und viele sonstige Grausamkeiten. Wegen seiner Brutalität wurde Pilatus im Jahre 36 n.d.Z. auf Betreiben des Gouverneurs von Syrien durch Kaiser Tiberius abgesetzt. Auch der Historiker Flavius Josephus betonte in seinen Schriften die Brutalität des Pontius Pilatus.[17] Bekannt ist, dass er ein Massaker unter unbewaffneten Juden angeordnet hat, die gegen seine unrechtmäßige Verwendung des Korban (Opfer) aus dem Tempelschatz protestierten, und auch, dass Pilatus im Jahre 36 n.d.Z. äußerst brutal gegen den Zug von Leuten aus Samaria auf den heiligen Berg Garizim vorgegangen ist. Wahrscheinlich war sein grausames Vorgehen gegen Unschuldige der Hauptanlass für seine Absetzung. Da Pilatus mit großer Wahrscheinlichkeit weder Deuteronomium 21,6 noch Jeremia 26 noch Psalm 26,6 (symbolische Handwaschungen zum Zeichen der Unschuld und die Worte des Richters, der Jeremia verurteilen sollte: „Dieser Mann hat nichts getan, was den Tod verdient …“) kannte, erscheint es wenig wahrscheinlich, dass er sich – wie bei Matthäus beschrieben[18] – nach biblischem Vorbild wegen der Verurteilung von Jesus „die Hände in Unschuld wusch“ und den obigen Richterspruch wortwörtlich zitierte.

Bemerkenswert ist, dass dieser Mann in der koptischen Kirche als „Heiliger“ verehrt wird.

Eine pluralistische Gesellschaft

Schon zur Zeit der römischen Herrschaft über Judäa war der Pluralismus im Judentum sehr groß. Auch wenn die große Mehrheit der einfachen Landbevölkerung (hebräisch: Amme haarez) sich nicht zu einer bestimmten Gruppe zurechnen lässt, wissen wir vom Vorhandensein mehrerer, untereinander oft verfeindeter religiöser Gruppierungen und Parteien (siehe auch: „Pluralismus“ in „Ecksteine und Wesen des Judentums“).

Am geläufigsten sind uns heute Namen wie: Sadduzäer, Pharisäer, Essener, Chassidim, Zeloten und Sikarier; alles Gruppen, die miteinander keinesfalls in Frieden lebten.

Zu den *Sadduzäern* (der Name ist möglicherweise vom Priestergeschlecht des Zadok abgeleitet) gehörten vor allem Priester, Aristokraten und reiche Bürger. Sie bestimmten den Tempeldienst und hatten den Vorsitz im Sanhedrin. Die sehr konservativen Sadduzäer lehnten die mündliche Überlieferung der Thora ab. Sie anerkannten, ähnlich wie die Karäer um das Jahr 1000 n.d.Z., nur die Gesetze der schriftlichen Thora, glaubten nicht an das Vorhandensein einer Seele oder an die Auferstehung der Toten. Für sie waren Opfer weit wichtiger als Gebete, und auch in Fragen der Reinheitsvorschriften, der Feste und des Eherechts unterschieden sich ihre Ansichten von denen der Pharisäer. Mit der Zerstörung des Zweiten Tempels durch die Römer im Jahre 70 n.d.Z. verschwanden die Sadduzäer aus der jüdischen Geschichte und mit ihnen auch der Opferkult.

Die heterogene Gruppe der *Pharisäer* (hebräisch: Peruschim, was so viel wie „die Abgesonderten“ bedeutet) kann man nur bedingt als die Vorläufer des modernen rabbinischen Judentums bezeichnen. Die rabbinische Literatur, die den Pharisäern gegenüber – auch wegen ihrer Neigung zur Absonderung vom übrigen Volk – kritisch eingestellt war, kennt sieben Arten der Pharisäer, von denen nur eine eindeutig positiv beurteilt wird.[19] Sie allesamt – wie es das Neue Testament tut – als „Heuchler“ zu diskreditieren, erscheint unzutreffend, zumal Jesus die Kompetenz der Pharisäer und Schriftgelehrten als „berufene Ausleger des Gesetzes“[20] durchaus anerkannte, auch wenn er sie in anderen Bereichen scharf kritisierte.

Die Pharisäer glaubten laut Flavius Josephus an die mündliche Überlieferung. Manche von ihnen waren bereit, die schriftliche und mündliche Überlieferung zu interpretieren, andere neigten eher zu einem religiösen Rigorismus, besonders in

Bezug auf priesterliche Reinheitsvorschriften, ein Umstand, der dazu führte, dass sie sich vom gewöhnlichen Volk absonderten. Sie glaubten an Engel, an das Vorhandensein einer unsterblichen Seele, an die Auferstehung der Toten und daran, dass das menschliche Tun teilweise prädestiniert, also nur bedingt an die Willensfreiheit gebunden sei. Sie folgten der Vernunft, glaubten an die Eigenverantwortlichkeit des Menschen, versuchten das jüdische Alltagsleben zu erneuern, förderten die Synagoge als Ort der religiösen Versammlung („Gott ist überall"), lebten asketisch, waren gesetzeskundig (sie sahen sich auch selbst als Bewahrer des Gesetzes) und neigten dazu – soweit sie Richter waren –, milde Urteile zu verkünden.

Im Gegensatz zu den Pharisäern gehörten die *Schriftgelehrten* und *Weisen* keiner klar definierten Gruppierung an. Sie, die wahren Vorläufer des rabbinischen Judentums (man bezeichnet sie als Protorabbiner), interpretierten die Gesetze im Sinne der Nächstenliebe und waren auch zu Neuerungen, man kann auch von Reformen sprechen, bereit. In der rabbinischen Literatur wird die Autorität der Protorabbiner als eine Kompetenz dargestellt, die von Mose in einer langen Reihe bis zu den Protorabbinern des 1. Jahrhunderts vermittelt wurde und die die Autorität des Hohenpriesters ablöste.

Die Schule des Rabbi Schammai stand für strikte Gesetzestreue, die Schule des Rabbi Hillel war weit liberaler und menschenfreundlicher. Letztlich setzte sich die Hillel-Schule im rabbinischen Judentum durch und mit ihr die Öffnung des Judentums grundlegenden Reformen gegenüber.

Dass Rabbi Jesus gute Beziehungen zu einigen Pharisäern unterhielt und mit ihnen auch soziale Kontakte pflegte, kann im Neuen Testament nachgelesen werden.[21] Bekannt ist auch, dass der berühmte Rabbiner Gamaliel II. (10–70 n.d.Z.) – ein Pharisäer und Vorsitzender des Sanhedrin – ein Fürsprecher der ersten Christen war. Er plädierte für Gerechtigkeit gegenüber den Aposteln[22] und verteidigte Paulus[23].

Die Gruppe der *Essener* lebte seit dem 2. Jahrhundert v.d.Z.

extrem asketisch, mancherorts im Zölibat und in brüderlicher Gütergemeinschaft, oft fernab von großen Städten (so auch eine Untergruppe dieser Gemeinschaft in Qumran am Toten Meer), um dem „verderblichen Einfluss“ des Hellenismus zu entgehen. Sie verfolgten das Prinzip der körperlichen und sittlichen Reinheit als Vorbereitung auf die kommende Welt. Sie lehnten die Tempelopfer ab und glaubten an die Unsterblichkeit der Seele und an die körperliche Auferstehung. Die dominante Persönlichkeit der Essener war ihr priesterlicher „Lehrer der Gerechtigkeit“. Sie glaubten an das baldige Ende dieser Welt und erwarteten einen priesterlichen Messias aus dem Hause Aaron und auch einen königlichen Erlöser aus dem Hause David. In ihren Schriften findet sich auch die Vorstellung vom Kampf der Söhne des Lichts gegen die Söhne der Finsternis. Anders als die übrigen Juden, die sich nach den Mondphasen orientierten, richteten sich die Essener nach der Sonne (Sonnenkalender).

Anders als die weitgehend friedlichen Pharisäer bekämpften die *Zeloten* („Eiferer“) die Herrschaft Roms und ebenfalls jüdische Kollaborateure mit Waffengewalt. Sie erwarteten einen Revolutionshelden als Messias und akklamierten einige ihrer Führer – wie Simon bar Giora – messianisch. Dass Judäa in den Augen der Römer als Unruheprovinz galt, lag an den häufigen Gewalttaten und Aufstandsversuchen der Zeloten und der noch radikaleren *Sikarier* („Dolchträger“). Solche unruhigen Zeiten begünstigten apokalyptische Ängste und revolutionäre Ideen. Da die Römer jeden jüdischen Widerstand rigoros und nicht zimperlich unterdrückten, wurden auch viele gefasste Zeloten und andere Widerstandskämpfer nach Römerart gekreuzigt. Möglicherweise waren einige der zwölf Apostel des Rabbi Jesus – wie Simon Zelotes,[24] vielleicht auch Judas Ischariot und Simon Petrus – Zeloten.[25]

Der Sanhedrin und die Rechtsprechung im alten Israel

Die Mischna erwähnt drei Arten von Gerichtshöfen. Auf der untersten Ebene standen die Lokalgerichte, sie waren für alltägliche Zivilfälle zuständig. Der mittlere Gerichtshof, dem 23 Richter angehörten, war zuständig für Kriminalfälle und Kapitalverbrechen. Hierbei scheint es sich um eine Einrichtung auf regionaler Ebene gehandelt zu haben.

Der große Sanhedrin bestand aus 71 Mitgliedern und war oberste politische, juristische und religiöse Körperschaft der jüdischen Bevölkerung im alten Israel. Mitglieder des Hohen Rates waren: Priester – vorwiegend Sadduzäer –, Älteste und Schriftgelehrte; den Vorsitz führte der Hohenpriester. Endgültig aufgelöst wurde der Hohe Rat erst im Jahre 425 n.d.Z. nach dem Tod von Rabbiner Gamaliel IV. Zu den Aufgaben des Hohen Rates gehörten unter anderem die Beaufsichtigung des Tempel- und Opferkultes, Kalenderfragen, die Durchführung von Strafverfahren gegen hochgestellte Personen (was nur selten vorkam) und – bis zur Machtergreifung der Römer – die Einsetzung des Hohenpriesters.

Die Regeln der Zusammenkunft des Sanhedrin waren eindeutig: Verboten waren Sitzungen am Schabbat, an Festtagen und den dazugehörigen Rüsttagen. Die Verhandlungen, die ausschließlich in der zum Tempelbezirk gehörenden Quaderhalle stattfanden, durften nur bei Tageslicht abgehalten werden und waren öffentlich. Sitzungen in Privathäusern waren nicht gestattet. Bei Kapitalverbrechen konnte nur dann eine Verurteilung ausgesprochen werden, wenn mindestens zwei – besser drei – Zeugen die Tat eindeutig bezeugen konnten (ein Geständnis des Angeklagten alleine reichte für eine Verurteilung nicht aus). Bei schwerwiegenden Verstößen gegen das Gesetz musste dem Angeklagten stets ein Verteidiger beigeordnet sein. Ein Freispruch konnte noch am gleichen Tag, ein Schuldspruch hingegen durfte erst am folgenden Tag bekannt gegeben werden. Im Richtergremium genügte nicht die einfache Mehrheit, um einen

Angeklagten zum Tode zu verurteilen, es musste Einstimmigkeit herrschen. Der Ort der Hinrichtung musste so weit außerhalb der Stadt liegen, dass noch Zeit blieb, die Wiederaufnahme des Prozesses zu beantragen, wobei auch der Verurteilte die Prozesswiederaufnahme beantragen konnte. Dazu ein Wort der Mischna: „Ein Gerichtshof, der in sieben Jahren mehr als ein Todesurteil fällt, ist ein mörderischer Gerichtshof." So kam es im Laufe der Zeit dazu, dass es für jüdische Gerichte immer schwerer wurde, Todesurteile zu fällen. Tatsache ist, dass jüdische Gerichte – wegen der vielen mit der Zeit neu formulierten Gesetze zum Schutze der Angeklagten – seit bald 2000 Jahren keine Todesurteile anordnen oder vollstrecken konnten.

In biblischen Zeiten galten folgende Vergehen als todeswürdig: Gotteslästerung (in Verbindung mit dem Aussprechen des unaussprechlichen göttlichen Namens), Homosexualität, Götzendienst, Schabbatschändung, Mord, Wahrsagerei, Ehebruch, Inzest und Sodomie. Ein zum Tode verurteilter Verbrecher wurde im Allgemeinen gesteinigt, sehr viel seltener stranguliert, enthauptet oder verbrannt. Die Kreuzigung eines Verurteilten war keine jüdische Hinrichtungsart, auch wenn bekannt ist, dass König Alexander Jannäus im Jahre 267 v.d.Z., vom Hellenismus beeinflusst, 800 seiner Gegner kreuzigen ließ. Die Hinrichtung am Kreuz war hingegen eine typisch römische Tötungsart, die Rom aber nicht erfunden hat. Schon die alten Phönizier und Makedonier kannten die Kreuzigung. Alexander der Große ließ beispielsweise im Jahre 332 v.d.Z. bei der Eroberung von Tyros 2000 Menschen kreuzigen. Auch im Zweistromland, in Persien und Karthago wurden Menschen so hingerichtet. Bekannt ist, dass Titus, während der Belagerung von Jerusalem im Jahre 70 n.d.Z., täglich 500 Juden vor der Stadtmauer auspeitschen und kreuzigen ließ.

Ecksteine und Wesen des Judentums

„Ein Heide kam zu Meister Hillel [dem Älteren] *und wollte unter einer Bedingung zum Judentum übertreten. Die Bedingung lautete, dass der Gelehrte ihm die ganze Lehre in der Zeit erkläre, in der er auf einem Fuß stehen könne. Hillels Antwort lautete: ‚Was du nicht willst, dass man dir tut, das tu auch deinem Mitmenschen nicht an. Das ist die ganze Thora, alles andere ist nur Kommentar. Gehe hin und lerne.'"*
(Schabbat 31a)

„Drei Dinge sind die Grundlagen der Welt:
Thora, Gottesdienst und Taten der Mitmenschlichkeit."
(Schimon der Gerechte)

„Der Glaube des Jesus von Nazareth, der eint uns [Juden und Christen], *der Glaube an Jesus von Nazareth, der trennt uns."*
(Schalom Ben-Chorin)

Dass folgende Kapitel ist eine kurze Zusammenfassung der wichtigsten Grundsätze, Vorstellungen und Forderungen des Judentums. Die Kenntnis dieser Grundelemente der jüdischen Religion erscheint notwendig, um vieles, was Rabbi Jesus predigte oder auch tat, richtig verstehen zu können. Die Botschaft des Rabbi Jesus stand – anders als viele Menschen immer noch meinen – weder im Gegensatz zum jüdischen Gesetz noch zu jüdischen Traditionen seiner Zeit und keine seiner Aussagen oder Handlungen kann und konnte aus jüdischer Sicht als „Blasphemie" angesehen werden (siehe: „Verstieß Rabbi Jesus gegen das jüdische Gesetz?").

Nicht veränderbare religiöse Glaubenssätze sind die Fundamente jedes Glaubens und für den Fortbestand jeder Konfession unerlässlich. Es ist ein Irrtum zu meinen, dass das Judentum, anders als das Christentum, ohne Dogmen auskommt; es stimmt aber, dass das Judentum auffallend wenige Dogmen kennt, dem Wesen nach antidogmatisch ist.

Es wird nicht selten behauptet, dass das Judentum eine bloß auf das Gesetz fixierte Religion sei, ein erstarrter Glaube, der sich an den Worten einer überholten heiligen Schrift festkralle und dabei auf die Menschlichkeit vergesse. Doch das ist unwahr. Seit über 2000 Jahren spielen die mündliche Überlieferung (die zur Zeit von Jesus noch nicht niedergeschrieben wurde) und die Interpretation von Gesetzen der Thora durch Gelehrte eine zentrale Rolle im Judentum. Judentum ist ein lebendiger Glaube, der durchaus imstande ist, Gesetze und Traditionen, sobald sie sich überlebt haben, zu ändern oder außer Kraft zu setzen.

Zu den festen Fundamenten des Judentums zählen

- der jüdische Gottesbegriff,
- die Offenbarungslehre – der Glaube an die von Gott offenbarte Lehre,
- die Bundesidee vom unkündbaren Bund zwischen Gott und seinem (von ihm erwählten) Volk und dem daraus resultierenden jüdischen Geschichtsverständnis,
- das jüdische Bild vom Menschen und der Einheit der ganzen Menschheit,
- die Sinnesdeutung aller menschlichen Handlungen, immer im Rahmen der Willensfreiheit jedes Individuums und stets unter Betonung der ethischen Grundsätze des Judentums,
- der Glaube an den Messias oder an ein messianisches Zeitalter; für orthodoxe Juden auch die Gewissheit von der leiblichen Auferstehung der Toten.

Es bestehen aber innerhalb des heutigen Judentums große Auffassungsunterschiede in Bezug auf die Offenbarungslehre, das Kommen des Messias und die Auferstehung der Toten.

Der Gottesbegriff

Im 12. Jahrhundert fasste der große Religionsphilosoph und Arzt Maimonides (auch Rambam genannt) in seinem Mischnakommentar die 13 grundlegenden Glaubensartikel des Judentums zusammen. In sieben von ihnen werden die göttlichen Attribute genannt. Es sind dies:

- „Gott ist der Schöpfer des Universums und aller Geschöpfe" (1),
- „Gott ist einzig und unteilbar – ‚alleinig-einzig Einer'" (2),
- „Gott besitzt weder Leib noch Gestalt" – für das Judentum war und ist daher die christliche Trinitätslehre eine unzulässige Aufweichung des Einheitsbegriffes Gottes (3),
- „Gott der Schöpfer ist Erster und Letzter, Ursprung und Ziel in aller Ewigkeit" – Schöpfer und Erlöser als gemeinsamer Grundgedanke von Judentum und Christentum (4),
- „Nur zu ihm darf der Mensch beten" – dies schließt nach jüdischer Auffassung das Mittlertum, wie zum Beispiel Gebete an die Mutter Gottes und ebenfalls den Bilderdienst, aus (5),
- „Gott kennt alle Gedanken und Taten des Menschen" (10),
- „Er belohnt und bestraft den Menschen" (11).

Als Jesus sprach: „Das wichtigste aller Gebote ist dieses: ‚Höre Israel, der Herr ist unser Gott, der Herr und kein anderer'",[26] artikulierte er, was Maimonides in seinem Glaubensbekenntnis (Glaubensartikel Nummer 2) Jahrhunderte später ausdrückte.

So sehr der Mensch sich auch Gott „vorzustellen" versucht, es muss misslingen, denn Gott steht weit über dem menschlichen Begriffsvermögen. Der Mensch kann nur wissen, was „Gott nicht ist", er muss an Ihn glauben, Ihn lieben (mit ganzer Seele, mit ganzem Herzen und mit aller Kraft), Seinen Geboten gehorchen und versuchen, eine dialogische „Ich-Du-Beziehung" zu Ihm aufzubauen (Martin Buber: „Gott findet man im Dialog selbst")[27].

Zu den Attributen der Macht Gottes gesellen sich auch Bescheidenheit, Liebe und Barmherzigkeit.

Aus Ehrfurcht vor Ihm ist es im Judentum üblich, Gottes Namen beim Lesen der Thora und während des Gottesdienstes nicht direkt auszusprechen. In der hebräischen Bibel wird der Eigenname Gottes mit vier Konsonanten bezeichnet: JHWH; es ist die Abkürzung für „Ich werde sein, der ich sein werde.“[28] Das Tetragramm (JHWH) ist wohl der geheimnisvollste aller Gottesnamen. Er ist so heilig, dass es – der Überlieferung nach – verboten ist, diesen aus vier Buchstaben bestehenden Gottesnamen (vokalisiert) auszusprechen. Man verwendet daher die Umschreibungen „Adonai“ (Herr), „Elohim“ (Gott, ev. oberster Richter), „Schaddai“ (Gott, der sich selbst genügt), „Hamakom“ (der Ort), „Haschem“ (der Name), „Hakadosch baruch hu“ (der Heilige, er sei gesegnet) und „Melech“ (König).

Die Offenbarungslehre

Im biblischen Verständnis spricht (offenbart) Gott zu den Menschen, um ihnen so seine Lehren und Gesetze mitzuteilen. Orthodoxe Juden glauben, dass Gott sowohl die fünf Bücher des Mose als auch die mündliche Überlieferung (zusammen als „Thora vom Himmel“ verstanden) am Berg Sinai Mose komplett übergeben hat und dass jeder darin enthaltene Buchstabe Gottes Wort getreu widerspiegelt – mit der daraus folgenden Konsequenz, dass „sämtliche Gebote und Verbote für alle Zeiten unabänderlich sind“ („Befolgt das ganze Gesetz, das ich euch heute gebe, mit all seinen Weisungen. Lasst nichts aus und fügt auch nichts hinzu!“).[29]

Auch nichtorthodoxe (progressive) Juden glauben an eine göttliche Offenbarung; sie meinen aber, dass wesentliche Teile der schriftlichen Thora auf Nachfolger von Mose zurückgehen so unter anderem der Bericht über den Tod von Mose – und dass sich die sie begleitende mündliche Überlieferung und Interpretation der Gesetze erst im Laufe der Jahrhunderte entwickelt hat. Sie betrachten daher nicht jedes Bibelwort als „von Gott diktiert“ und glauben, dass einzelne, eine bestimmte geschichtliche Periode widerspiegelnde Sitten und Gesetze keine ewige Gültigkeit besitzen können, sondern den sozialen und wirtschaftlichen Zeitnotwendigkeiten gemäß interpretiert werden müssen.

Die Bundesidee und das Land Israel

Ein weiterer Grundpfeiler des Judentums ist die „Bundesidee“ (hebräisch: Brit).

Als Bund versteht man eine partnerschaftliche Verpflichtung, hier zwischen Gott und Mensch. Charakteristisch für den Universalismus der hebräischen Bibel ist der Bericht vom ersten Bund Gottes mit dem gerechten Nichtjuden Noah (symbolisch für die ganze Menschheit), erst später mit Abraham und seinen Nachfahren. Obwohl der Vertrag in den folgenden Jahrhunderten von den Israeliten immer wieder gebrochen wird, erneuert Gott diesen Bund stets aufs Neue, ohne sein Volk je zu verstoßen. Wichtige Zeichen des Bundes sind die Beschneidung (Brit Mila) am achten Tag nach der Geburt („der im Fleisch bezeugte Bund“)[30] und die Einhaltung des Schabbats, des Ruhetages für alle Lebewesen. Hand in Hand mit der Bundesschließung geht auch die Zusicherung Gottes, Abrahams Nachkommenschaft „so zahlreich wie die Sterne zu machen“,[31] und die göttliche Verheißung auf das Land Israel.

Die jüdischen Feiertage, viele Gebete, die Vorschriften für die Landwirtschaft und selbst die Messias-Idee sind eng verbunden mit dem Land Israel und seiner Hauptstadt Jerusalem. Für das jüdische Selbstverständnis kann deswegen die nationale Komponente nicht aus der jüdischen Theologie ausgeklammert werden. Es ist daher nicht verwunderlich, dass Juden im Exil zu allen Zeiten Israels gedacht und nie die Hoffnung auf die Rückkehr nach Zion aufgegeben haben.

Aus dieser Überzeugung lässt sich auch die Tatsache erklären, dass trotz immer wiederkehrender Vertreibungen und Exil das Land Israel – seit der Besiedelung durch die Hebräer ungefähr im Jahre 1250 v.d.Z. – nie von Juden ganz verlassen war.

Die „Auserwählung" – der missverstandene Begriff

„Wenn ihr mir nun treu bleibt und auf mich hört, sollt ihr das Volk sein, das mir von allen Völkern am nächsten steht. Die ganze Erde ist mein Eigentum, aber euch habe ich unter allen Völkern auserwählt und zu etwas Besonderem bestimmt. Ihr sollt das Volk sein, das mir ganz zur Verfügung steht und mir so ungeteilt dient, als wäre es ein Volk von Priestern." (Ex 19,5–6)

„Nicht weil ihr mir mehr wärt als alle Völker, hat der Herr sich euch zugewandt und euch erwählt – denn ihr seid das kleinste unter allen Völkern –, sondern weil der Herr euch liebt." (Dtn 7,7)

Das sind die Worte des Bundes zwischen Gott und den Israeliten, somit Ursprung und Grundlage der „Auserwählung" des jüdischen Volkes.

Die Selbstbezeichnung „auserwähltes Volk" war – und ist immer noch – ein stets willkommener Anlass für Missinterpretationen und Anfeindungen gegen das Judentum. „Auserwählung" ist ein religiöser Begriff und bedeutet nach jüdischem Verständnis nicht mehr und nicht weniger als die Gewissheit, dass Gott mit Abraham und seinen Nachkommen einen Bund mit gegenseitigen Versprechen und Verpflichtungen geschlossen hat. Es ist aber für das Judentum, oder genauer gesagt: dessen universalistische Seite, geradezu charakteristisch, dass der erste in der hebräischen Bibel dokumentierte Bund nicht etwa zwischen Gott und Abraham, sondern mit dem Nichtjuden Noah – stellvertretend für die ganze Menschheit – geschlossen worden ist. Erst mit dem Abschluss des zweiten Bundes verpflichtet sich Gott Abraham gegenüber, dessen Nachfahren „so zahlreich wie die Sterne am Himmel und den Sand am Meer" zu machen und er verheißt ihnen das Land Kanaan.[32]

Der Bund schließt klar definierte Verpflichtungen der Hebräer Gott gegenüber ein; diese werden mehrfach in der Bibel wiederholt, erweitert und konkretisiert. Zu ihnen gehören:

- die strikte Einhaltung aller göttlichen Gebote, unter Betonung der großen Bedeutung von Beschneidung und Schabbatruhe,
- die Abkehr von jeglichem Götzendienst und
- die unbedingte Treue zu Gott.[33]

Letztlich entscheidend ist aber der Umstand, dass die Hebräer mit dem Versprechen „Alles, was der Ewige gesagt hat, das wollen wir tun und befolgen"[34] das Joch der göttlichen Herrschaft auf sich genommen haben und hiermit die Verpflichtung eingegangen sind, nach den göttlichen Gesetzen zu leben und den Völkern der Erde als Beispiel zu dienen.

Bundesbrüche, Bestrafung, Neuzusagen Gottes und Bundeserneuerung gehören untrennbar zum Bundesdenken. Eine „Aufkündigung" dieses Bundes durch Gott – wie sie jahrhundertelang von christlicher Seite postuliert wurde – hat nach jüdischer Auffassung nie stattgefunden.[35]

Wie gehen Juden mit dieser ihrer „Erwählung" um? Wie ist die „Auserwählung" zu verstehen? Wird die „Auserwählung" einzig vom Judentum, nicht aber auch vom Christentum in Anspruch genommen?

Dieser Vertrag zwischen Gott und den Hebräern war und ist keinesfalls mit irgendwelchen Privilegien verbunden und berechtigt niemanden zu Überheblichkeit, Chauvinismus oder Exklusivismen. „Erwählung" ist nicht mit mehr Rechten, sondern lediglich mit vermehrten Pflichten und großer Verantwortung verbunden („Denn ihr gehört ausschließlich dem Herrn …

Und das tat er nicht etwa, weil ihr größer seid als die anderen Völker …, nein, er tat es einzig und allein, weil er euch liebte und das Versprechen halten wollte, das er euren Vorfahren gegeben hatte.“)[36]. Nur im Sinne eines moralischen Engagements – nämlich sich selbst und die Welt durch das Fungieren als gutes Beispiel zu verbessern – betrachten sich die Juden als „erwählt“. Kein halbwegs gebildeter und intelligenter Jude (für die Dummen kann niemand garantieren) wird daher die „Auserwählung“ mit persönlichen Privilegien und Rechten verknüpfen.

Es ist auch keineswegs nur eine Eigenheit der Juden, an eine Erwählung durch Gott zu glauben. Auch das Christentum beansprucht die „Erwählung in der Nachfolge Israels“[37] für sich. Gerade diese jahrhundertelang verbreitete These vom „neuen Volk Gottes“ und der damit verbundenen Vorstellung von der „Verstoßung der Juden durch Gott“[38] hat bis in die jüngste Gegenwart die Beziehungen zwischen Juden und Christen stark beeinträchtigt.

Das Gebet

Seit der Zerstörung des Zweiten Tempels zu Jerusalem durch die Römer im Jahre 70 n.d.Z. ersetzt das Gebet die einstigen Opferdienste. Ein Gebet ist ein Ausdruck der Sehnsucht vor Gott und ein sich Hinwenden zu Gott, auch eine Einladung an ihn zu wirken.

Juden dürfen überall und auch spontan beten, und sie beten, wie es Jesus auch tat, direkt zu Gott, niemals über einen Vermittler. Ein automatisches herunterratschen der Gebete ist nicht gerne gesehen, vielmehr kommt es auf die „Kawana“ (die Verinnerlichung, völlige Hingabe) an. Besonders zum jüdischen Neujahr im September oder Oktober und am Versöhnungstag – 10 Tage nach dem Neujahr – wird auch um die Vergebung der Sünden, die Gott gegenüber begangen wurden, gebetet. Doch die göttliche Vergebung ist nur dann gewiss, wenn der Mensch echte Reue empfindet, umkehrwillig ist und die bereuten Sünden unter keinen Umständen wiederholt. Diese Umkehr nennt man im Judentum „Teschuwa“, die für Rabbi Jesus von allergrößter Bedeutung war.

Alle zentralen Gebete betete auch Rabbi Jesus, und einige dieser Gebete sind bis heute ebenfalls Bestandteil der christlichen Liturgie. Dies wird einsichtig, wenn man zum Beispiel einzelne Sätze des Kaddischgebets und des Achtzehn-Gebets mit Preisungen und Bitten des Vaterunsers vergleicht. Es ist auch wichtig zu verstehen, dass für gläubige Juden (ganz besonders im Gebet) Ausdrücke wie „Vater“, „Gott Vater“, „Herr“, „Unser Gott im Himmel“, „Gottessohn“ oder „Sohn Davids“ zum normalen Sprachgebrauch gehören. Die Betenden sprechen zwar Gott mit „Vater“ an, doch sie meinen damit nicht, leibliche Kinder Gottes zu sein. Ein schönes Beispiel dafür ist das „Avinu malkenu“-Gebet, das zu den Hohen Feiertagen gebetet wird. Jede Zeile dieses Gebets trägt die Nöte des Volkes vor den Vater im Himmel.

Das Menschenbild

Wenn uns heute die moderne Wissenschaft Beweise dafür liefert, dass sich die Menschheit ursprünglich in einem umschriebenen Bereich der Welt (Ostafrika) entwickelt hat, dann wird der jüdisch-christlich-moslemische Glaube an ein einziges Elternpaar aller Menschen stark aufgewertet. Diese ursprüngliche Einheit der Menschheit und die Vorstellung, dass der Mensch als „Schattenseite Gottes“ geschaffen wurde (Ben-Chorin umschreibt so den Begriff „Ebenbild Gottes“, um zu unterstreichen, dass sich der Mensch Gott nicht vorstellen kann), verbietet konsequenterweise jede Form von Rassismus und Überheblichkeit anderen Menschen oder Kulturen gegenüber.

Zum jüdischen Menschenbild gehört auch die Vorstellung, dass Gott dem Menschen eine reine Seele schenkt; deswegen kennt das Judentum – anders als das Christentum – den Begriff der Erbsünde („schuldig geboren") nicht. Der Mensch kommt unschuldig auf die Welt und besitzt die Fähigkeit, zwischen Gut und Böse zu unterscheiden, zu sündigen oder nach den Geboten Gottes zu leben – es ist sein freier Wille.

Die Mizwa und ihre Interpretation

Der Glaube an die Existenz Gottes und seine Lehre (zusammen als „Emuna", Glaube, bezeichnet) und das richtige Tun (festgelegt in der Halacha, der Gesamtheit ethischer Normen und Riten, die dem Glauben erst den konkreten Ausdruck verleihen) gehen im Judentum Hand in Hand, wobei die Befolgung der religiösen Gebote ohne den Glauben – und umgekehrt – sinnlos erscheint (das von den Propheten kritisierte „gehaltlose Ritual", der Mangel an „Kawana"-Intention). Weil eben dem Menschen die Willensfreiheit gegeben ist, kann er sich für den richtigen oder falschen Weg entscheiden, wohl wissend, dass Gott die Gedanken und Taten des Menschen kennt, sie wertet und auch Konsequenzen zieht (13. Glaubenssatz des Maimonides).

Da das Judentum auch als eine Religion der Tat und somit als ein System von Mizwot (Plural von „Mizwa", von Gott gegebene Gebote und Verbote, die alle Lebensbereiche erfassen und auch religiös-rituelle Pflichten beinhalten) angesehen werden kann, soll nun die Bedeutung der Mizwot besprochen werden, die das Verhalten von Menschen untereinander regeln (Mizwot ben adam lechawero).

Die Zehn Gebote

Die Zehn Gebote der hebräischen Bibel (auch „Zehn Worte Gottes" genannt) sind – trotz teilweise unterschiedlichen Auslegungen der Einzelgebote – die Grundlage von Glaube und Ethik, sowohl für Juden als auch für Christen, und die Fundamente unserer heutigen Zivilisation. Nach Ibn Esra können zwei Gruppen von Geboten unterschieden werden: fünf Gebote, die den Beziehungen zwischen Gott und dem Menschen gelten (in denen Gott auch ausdrücklich erwähnt wird), und fünf Gebote, die zwischenmenschliche Beziehungen regeln (Mizwot scheben adam lechawero), wobei die Gebote in jeder der zwei Gruppen in abfallender Bedeutung angeführt werden.

Die Gebote 1 bis 5 lauten: Anerkennung der Existenz Gottes (als Grundlage aller folgenden Gebote), Verbot der Anbetung fremder Götter (Götzendienst), Untersagung des Meineides, Einhaltung der Schabbatruhe, Elternverehrung (die mit Gottesverehrung gleichzusetzen ist). Die Gebote 6 bis 10 lauten: Verbot von Mord, Ehebruch, Diebstahl, falscher Zeugenaussage, Begehren von Besitz anderer Menschen.

Diese sittlichen Grundsätze werden im Judentum als ein Geschenk Gottes an alle Menschen angesehen; nur durch ihre Befolgung ist ein zivilisiertes Neben- und Miteinander möglich.

Nächstenliebe und das Verbot von Rachegelüsten

„Was dir verhasst ist, tue auch deinem Nächsten nicht an“: Dieser so bedeutende Grundsatz wird auf den berühmten Gelehrten Hillel (den Älteren) zurückgeführt, dessen Liebe zu Gott und den Menschen geradezu sprichwörtlich war. Er soll diese Worte einem Nichtjuden gegenüber ausgesprochen haben, der zuerst – in aller Kürze – erfolglos von Schammai, Hillels „Konkurrenten“, erfahren wollte, worin die Quintessenz des Judentums liege. Hillel fügte dann noch hinzu: „Das ist die ganze Thora, alles andere ist nur Kommentar. Gehe hin und lerne.“ Hillels Antwort charakterisiert sehr treffend, worauf es im Judentum ankommt. Nächstenliebe ist im Judentum die logische Konsequenz der Idee von der unteilbaren Menschheit und eines der am häufigsten betonten Gebote der hebräischen Bibel.

Diese Nächstenliebe: „Liebe deinen Nächsten wie dich selbst“[39] beschränkt sich im Judentum nicht nur auf den Nächsten, sondern gilt auch für den Fremden: „Du sollst den Fremdling lieben wie dich selbst“,[40] dazu auch: „Verflucht ist, wer das Recht von Fremden beugt.“[41] Diese Nächstenliebe gilt aber auch für den Feind, denn es heißt: „Ist der Esel deines Feindes unter seiner Last zusammengebrochen, so geh nicht weiter, sondern hilf ihm“[42] und: „Wenn dein Feind hungrig ist, dann gib ihm zu essen, und wenn er Durst hat, gib ihm zu trinken. Damit bringst du ihn dazu, sich zu ändern.“[43]

Es ist daher ein Irrtum, zu meinen, dass zwischen dem jüdischen und dem christlichen Konzept der Nächstenliebe irgendwelche Unterschiede bestehen (siehe: „Die Botschaft des Rabbi Jesus“).

Mit dem Gebot der Nächstenliebe geht das Verbot von Rachegelüsten eng einher. Im Buch Leviticus lesen wir: „Wenn du etwas gegen einen anderen hast, dann trage deinen Groll nicht mit dir herum. Rede offen mit ihm darüber. Räche dich nicht an deinem Mitmenschen und trage niemandem etwas nach.“[44] Denn der Gott der hebräischen Bibel ist nicht – wie Luther falsch übersetzt – der „Gott der Rache“, sondern – in korrekter Übersetzung (Martin Buber) – der „Gott der Vergeltung“, der, ebenso gemäß christlicher Auffassung, sowohl ahndet als auch – und vor allem – das Gute belohnt: „Denn nur einen Augenblick trifft uns sein Zorn, doch lebenslang umgibt uns seine Güte“.[45]

Selbst das von vielen Menschen falsch verstandene und gerne zitierte Talionsgesetz „Auge um Auge, Zahn um Zahn“[46] hat mit Rachegelüsten nichts zu tun. Hier handelt es sich um ein Sozialgesetz, ein Rechtsprinzip der Verhältnismäßigkeit im Sinne von „Maß für Maß“. Denn bedingt durch eine fehlerhafte Bibelübersetzung durch Luther ist aus dem hebräischen Wort „tachat“ („anstelle von“) das Wort „um“ bzw. „für“ entstanden, das den Sinn dieses Bibelwortes völlig auf den Kopf stellt (Pinchas Lapide). Schon in biblischen Zeiten ging es lediglich um eine ausgewogene Ersatzleistung, die ein Täter seinem Opfer für zugefügten Schmerz, Erwerbsausfall und Kur erstatten musste.[47] Gleiches wird auch im Talmud bekräftigt („über Entschädigung"). In der Mischna lesen wir: „Wer seinen Nächsten verletzt, kann ihm gegenüber wegen fünferlei verpflichtet werden: für Wertverminderung, für Schmerz, für Kur, für Zeitverlust und Beschämung … Hat er ihm ein Auge geblendet, eine Hand abgehauen oder einen Fuß gebrochen, so sieht man den Geschädigten an, als ob er ein Sklave sei …, und man schätzt, wie viel er Wert war und wie viel er jetzt Wert ist … So veranschlagt man, wie viel ein Mensch verlangen würde, wenn er Gleiches zu ertragen hätte."[48]

In der Gemara wird dieses Prinzip noch bekräftigt; Raw Swid sagte im Namen Rawas: „Der Schriftvers besagt: Wunde anstelle für Wunder: Es ist also außer für die Wertverminderung auch für den Schmerz Ersatz zu leisten." Und Raw Pappa sagte im Namen Rawas: „Der Schriftvers besagt: Er lasse heilen, ausheilen. Es ist also für die Wertminderung wie auch für die Kur Ersatz zu leisten."[49]

Es ist ein antijüdisches Paradox der Geschichte, dass dem Judentum, dessen Gesetze Barmherzigkeit, Nächstenliebe, Mitleid und Gerechtigkeit verlangen, die Rachegesinnung eines strengen Vergeltungsgesetzes unterstellt wurde und wird. Diese pervertierte Auslegung des jüdischen Gesetzes dient auch häufig dazu, die Politik des Staates Israel gegenüber seinen Feinden zu charakterisieren.

Friede

Wenn Juden vom Frieden sprechen, dann verwenden sie das hebräische Wort „Schalom". In seiner ursprünglichen Bedeutung meint aber das Wort „Schalom" Vollkommenheit und Unversehrtheit. Dort, wo Schalom anzutreffen ist, finden sich neben der Sicherheit auch Gesundheit, Ruhe und Glück. Im Judentum gilt es als eine wichtige Mizwa, Frieden zu stiften.

Dieses Gebot ist dermaßen wichtig, dass nach Meinung der Weisen sogar eine Notlüge (ansonsten im Judentum verpönt) gestattet ist, um Schalom dadurch zu erreichen. In einem der zentralsten Gebete im Judentum, der Amida (das Achtzehn-Gebet), beten die Gläubigen: „Er stiftet Frieden in den Höhen, Er möge den Frieden schaffen für uns und ganz Israel.“ In progressiven Gebetsbüchern schließt dieses Gebet die ganze Menschheit zusätzlich mit ein. Auch für den berühmten Rabbiner Hillel war der Friede von großer Bedeutung. Er sprach daher: „Gehöre zu den Schülern Aarons; liebe den Frieden und jage dem Frieden nach, liebe die Geschöpfe und führe sie zur Gotteslehre.“ In den Sprüchen der Väter lesen wir außerdem: „Rabban Simon sagte: Auf drei Dingen beruht die Welt: auf Recht, auf Wahrheit und auf Friede, denn es steht geschrieben[50]: Rede einer mit den anderen Wahrheit, und richtet recht, und schaffet Frieden in euren Toren.“[51] Im Talmud lehren unsere Meister: „Man versorge die Armen aus den Völkern mitsamt den Armen Israels, und man besuche die Kranken derer aus den Völkern mitsamt den Kranken Israels, und man begrabe die Toten derer aus den Völkern mitsamt den Toten Israels, des Friedens wegen.“[52]

Wenn wir heute jemanden mit „Schalom“ begrüßen, dann sollte uns die ganze Bedeutung dieses Wortes bewusst sein. Doch bei aller Friedensliebe, die ja auf der Nächstenliebe basiert,[53] war den jüdischen Weisen aus schmerzlichen geschichtlichen Ereignissen stets klar, dass der Friede zwischen Menschen und Nationen immer labil ist, nie endgültig. Für den Frieden muss man auch bereit sein zu kämpfen und im Bedarfsfall sich zu verteidigen. Aus all diesen leidvollen Erfahrungen der Vergangenheit ist auch der Gedanke an das Kommen eines Messias – oder eines messianischen, friedlichen Zeitalters für die gesamte Menschheit – entstanden (siehe: „Das jüdische Messiasbild und die Auferstehung der Toten“). Auch der Verzicht auf aktive Mission, die so viel Leid über unzählige Menschen in allen Erdteilen mit sich gebracht hat, ist ein Beitrag zum Frieden unter den Menschen. Denn aktive Mission ist, meiner Meinung nach, stets ein Zeichen von Unduldsamkeit, Fanatismus und Überheblichkeit. Wer aktiv missioniert, meint, als Einziger Gottes Willen zu kennen und moralisch besser und weiser zu sein als all die Andersgläubigen („Ungläubigen“), die nur durch die Mission gerettet werden können.

Die Ehre des Menschen

Im 2. Buch Moses heißt es: „Du sollst kein falsches Gerücht verbreiten.“[54] Den Mitmenschen zu verleumden, gilt im Judentum als schwere Sünde, daher betet der Jude in einem der zentralsten Gebete des Judentums, der Amida (Achtzehn-Gebet): „Mein Gott, bewahre meine Zunge vor Bösem und meine Lippen vor trügerischer Rede.“ Jeder Mensch soll wohlwollend beurteilt werden,[55] eine Vorverurteilung eines Menschen darf nicht stattfinden (Hillel). Auch die religiösen Gefühle von Menschen (gleichgültig welcher Konfession) zu verletzen, ist nach jüdischer Auffassung eine Sünde.

Leben und Gesundheit (Lebenserhaltung)

Neben Mord, Raub und Betrug jeder Art ist auch die Unterlassung von erster Hilfe streng verboten. Kein Satz kann die Hochachtung des Juden vor dem menschlichen Leben besser ausdrücken als folgendes Mischnawort: „Wer einen Menschen tötet, tötet die ganze Welt; wer einen Menschen rettet, rettet die ganze Welt.“[56] Selbst das Gebot der heiligen Schabbatruhe ist im Falle einer notwendigen Hilfestellung für Mensch und Tier aufgehoben („Lebensgefahr verdrängt den Schabbat“)[57]. Die oft gehörte Behauptung, dass Jesus wegen Übertretung dieses Gesetzes verurteilt worden sei, ist daher, wie später erläutert, völlig aus der Luft gegriffen.

Wohltätigkeit

Es ist ein zentrales jüdisches Gebot, armen und schwachen Menschen gegenüber Wohltätigkeit auszuüben. Ein Gebot, das im Kontext der Nächstenliebe gesehen werden muss („Wenn aber ein Mitmensch Not leidet …, dann dürft ihr nicht hartherzig sein und eure Hand vor eurem Bruder verschließen")[58]. Unter „Zedaka" versteht man Gerechtigkeit und Mildtätigkeit; dazu gehören das Spenden von Almosen – ohne dabei den Betroffenen zu beschämen –, Hilfe für Kranke, Waisen und Witwen und die Unterstützung von notleidenden Fremden (siehe: „Die Botschaft des Rabbi Jesus"). „Zedaka" muss vom Begriff „gemilut chassadim" unterschieden werden; hierbei handelt es sich um persönliche, auch vereinsmäßige, Liebeswerke, die Arm und Reich gleichermaßen zugute kommen, wie etwa: Krankenbesuche, Trostspenden und Friedensstiftung.

Ehrlichkeit im Geschäftsleben

Unehrliche Praktiken im Geschäftsleben gelten im Judentum als Sünde. Dabei spielt es keine Rolle, ob der Betrogene Jude oder Nichtjude ist. Im Talmud wird sogar betont, dass einen Nichtjuden zu bestehlen weit schlimmer sei, als einen Juden zu hintergehen, weil durch solche kriminellen Praktiken das gesamte Judentum in Misskredit gebracht wird.[59] Und im Talmud lesen wir: „Es ist verboten zu betrügen, wer es auch sei, wäre es auch selbst ein Götzendiener."[60]

Grundlage all dieser Bestimmungen sind die Bibel (unter anderem das achte Gebot) und diverse sehr klare Bestimmungen im Talmud, die überhöhte Gewinne verbieten, unfairen Wettbewerb und unpünktliche Lohnzahlungen verurteilen und Ehrlichkeit im Geschäftsleben fordern.[61]

Das jüdische Messiasbild und die Auferstehung der Toten

In der hebräischen Bibel finden sich nur 38 Stellen mit Bezug auf einen Maschiach (Messias). Der Messias ist dem Wortsinn nach der gesalbte König, Anführer oder Priester Israels und Statthalter Gottes sowie eine Verkörperung von Wahrheit und Gerechtigkeit. Erst im hellenistischen Judentum des 1. vorchristlichen Jahrhunderts entstand die eschatologische Vorstellung von einer Person, die mit ihrem Erscheinen in der Endperiode der Geschichte den bevorstehenden „Umbruch der Zeiten" ankündigen und die Gottesordnung wiederherstellen wird.

Historisch gesehen, ist der glühende Wunsch nach dem Erscheinen eines Erlösers aus dem Elend und der Not der jüdischen Bevölkerung Israels entstanden. Vom ersehnten Messias erwartete das jüdische Volk zu Lebzeiten Jesu in erster Linie die Befreiung vom Joch der Römer und ein endgültiges Ende aller Verfolgungen.

Aus der Zeit nach Errichtung des Zweiten Tempels stammt die Heroldsansage über einen in Jerusalem einziehenden König, in der es heißt: „Jubelt laut, ihr Bewohner Jerusalems! Euer König kommt. Er bringt das Recht und die Rettung. Und doch ist er nicht hochmütig, er reitet auf einem Esel … er schafft die Pferde und die Streitwagen ab in Jerusalem und ganz Israel, auch die Kriegsbogen werden zerbrochen. Er stiftet Frieden unter den Völkern. Über Länder und Meere erstreckt sich seine Herrschaft, soweit die Erde reicht."[63]

Fast alle Gruppierungen im alten Israel erhofften demnach einen politischen (theopolitischen) Erlöser aus dem Hause David, wobei die Erwartungen der Menschen sehr unterschiedlich waren. Manche erwarteten eine spärlich definierte himmlische Gestalt,[64] andere dachten an bestimmte Propheten oder einen endzeitlichen Priester. Und dann gab es auch die volkstümliche Vorstellung von einem Messiasvorläufer, der als Messias ben Josef bezeichnet wurde. Es ist der leidende Messias, der alle Verstreuten versammelt, den Tempeldienst wieder einführt und im Kampf mit den Feinden Israels (Gog und Magog) umkommt, um dann in himmlische Sphären zurückzukehren. Nach Martin Hengel ist der Glaube an einen Messias, Sohn des Josef, erst in der Mitte des 2. Jahrhunderts n.d.Z. entstanden, doch ganz ausgeschlossen ist es nicht, dass schon zu Lebzeiten von Jesus derartige Vorstellungen verbreitet waren.

All diese speziellen, rein irdischen Erwartungshaltungen seiner Zeitgenossen konnte Jesus nicht erfüllen. Doch viel entscheidender ist die Tatsache, dass sich Jesus dem Volk, aber auch seinen möglichen Gegnern gegenüber, nie als „Messias" ausgab. Ganz im Gegenteil. Er warnte seine Jünger eindringlich davor, ihre Vermutung („Jesus sei der kommende Erlöser") jemandem bekannt zu geben, und erwähnte dabei die Gefahr von falschen Messiasanwärtern.[65] Und in der Tat gab es im Laufe der jüdischen Geschichte immer wieder falsche Messiasanwärter – und keiner von ihnen wurde jemals von einem jüdischen Gericht wegen dieser Behauptung zum Tode verurteilt! Mit anderen Worten: Menschen, die sich als „Messias" ausgaben, landeten – soweit bekannt – wegen einer derartigen Selbstdarstellung nie vor Gericht.

Mehrmals spricht Jesus auch – und stets in der dritten Person – vom baldigen Erscheinen eines Menschensohnes. Hier bezieht er sich auf das Buch Daniel (das übrigens nicht vom Propheten Daniel selbst, sondern erst im 2. Jahrhundert v.d.Z. verfasst wurde), in dem der unbekannte Verfasser von einem „Himmelswesen aus den Wolken, das wie ein Mensch aussieht und zu Gott gelangt, um von ihm die Königswürde und den Auftrag, ein Reich Gottes auf Erden zu erhalten", spricht.[66]

Die Bezeichnung „Menschensohn" (hebräisch: ben Adam; Aramäisch: bar Enascha) war ursprünglich eine Umschreibung für einen Menschen als Einzelwesen, erst später, in der jüdischen Apokalyptik, eine Bezeichnung für eine messianische Gestalt, die am Ende der Zeit erscheinen wird. Es darf angenommen werden, dass zu Lebzeiten Jesu die Erwartung einer apokalyptischen Richtergestalt weit verbreitet war. „Menschensohn“ wäre damit ein Hoheitstitel, wie etwa „König“ oder „Messias“. Wenn aber das Erscheinen eines Menschensohnes erst – wie Jesus predigt – in der nahen Zukunft liegt, dann beansprucht Jesus diesen Titel nicht für sich, denn dann wäre das Erscheinen eines zukünftigen Messias nicht mehr erforderlich. Jedenfalls spielt die Frage, ob sich Rabbi Jesus als der von ihm angekündigte Menschensohn verstand, bei der Befragung im Haus des Oberpriesters keine Rolle.

Bemerkenswert – und wenig beachtet – ist auch die Tatsache, dass Jesus (scheinbar) glasklar argumentierte, „dass der kommende Messias nicht aus dem Hause David abstammen könne“, und zitiert dabei zur Bestätigung seiner These Psalm 110. Er sagt: „Wie können die Gesetzeslehrer behaupten, dass der versprochene Retter ein Sohn Davids ist; David sagte doch, erleuchtet vom Heiligen Geist: Gott, der Herr, sagte zu meinem Herrn, setze dich zu meiner Rechten, ich will dir deine Feinde unterwerfen … David selbst nennt ihn also Herr, wie kann er dann sein Sohn sein?“[67]

Zu diesem Psalm 110 wäre noch zu bemerken, dass in sämtlichen Bibelübersetzungen, selbst in der Septuaginta, der hebräische Originaltext fehlerhaft wiedergegeben wird. Im hebräischen Text heißt es wörtlich: „le-David Mismor, Neum Adonai, le-Adoni: schew le-jemini …“ („für David ein Lied mit dem Wort Gottes: Setze dich zu meiner Rechten …“, wobei Gott David respektvoll als König anspricht). In fehlerhaften Übersetzungen (siehe oben) heißt es hingegen: „Gott, der Herr, sagte zu meinem Herrn: Setze dich an meine rechte Seite, ich will dir deine Feinde unterwerfen, sie als Schemel unter deine Füße legen.“

Doch was bedeutet das alles? Wie kann man diese Worte deuten? Folgende Interpretationen der diesbezüglichen Evangelientexte erscheinen unter anderem möglich:

Variante 1: Jesus – der nie von sich öffentlich behauptete, aus dem Hause David abzustammen – predigt in der Synagoge und bekräftigt die allgemeine Meinung, dass der Messias aus dem Hause David kommen wird. Dabei stellt er nur die theoretische Frage: „Woher wissen wir das alles?“, und er zitiert, zur Bekräftigung dieser Lehrmeinung, den hebräischen Originaltext von Psalm 110, der ja nichts anderes besagt.

Variante 2: Jesus bestreitet mit seiner Predigt die weit verbreitete Meinung, dass der Messias aus dem Hause David abstammt. Doch hätte er dabei den hebräischen Originaltext (siehe oben) von Psalm 110 zur Untermauerung seiner Ansicht zitiert, müsste er sich selbst widersprechen. Denn der hebräische Text des Psalms sagt ja eindeutig, dass Davids Nachkomme der Messias sein wird. Dass Jesus den Psalm 110, den er sicher kannte, bewusst falsch zitierte, ist ebenfalls nicht glaubhaft. In dieser wenig wahrscheinlichen Version würde er gegen die gültige Tradition argumentieren und behaupten, dass der kommende Messias der Nachkomme eines anderen (vielleicht der Messias Sohn des Josef, der leidende Vorläufer-Messias?) sein wird.

Oder – Variante 3 – will Jesus hier (für die Anwesenden aber nicht verständlich, doch im Einklang mit der Theologie des Paulus) ausdrücken: „Ich bin der versprochene Menschensohn“,[68] ein präexistentes himmlisches Wesen und der Herr Davids, der freiwillig zum Menschen wurde und zum gegebenen Zeitpunkt als Messias aus dem Hause David erscheinen wird?

Auch heute noch erwarten orthodoxe – nicht aber religiös-liberale – Juden die baldige Ankunft eines (menschlichen) Messias ben David und halten fest an der Vorstellung der leiblichen Auferstehung der Toten. Sie beten für das baldige Erscheinen des Erlösers, das mit der Wiedererrichtung des Dritten Tempels und der Wiederaufnahme des Tempelkultes einhergehen sollte. Reformjuden beten hingegen lediglich für ein messianisches Zeitalter für die gesamte Menschheit.

Das Staatsrecht

Seit talmudischen Zeiten gilt der Grundsatz „Dina demalchuta dina“ für alle Juden, wo immer sie auch wohnen. Dieser in aramäisch verfasste Grundsatz besagt, dass das allgemeine Staatsrecht (oder Königsrecht) nicht durch jüdisches Religionsrecht aufgehoben werden kann. Das Staatsrecht steht über den religiösen Gesetzen! Dieses alte Prinzip bekräftigte auch Jesus mit seinem Wort: „Gebt dem Kaiser, was dem Kaiser gehört.“[62]

Pluralismus

Der Pluralismus war immer ein Markenzeichen des Judentums. Auch in biblischen und nachbiblischen Zeiten war das Judentum stets pluralistisch (siehe „Historischer Hintergrund“: „Eine pluralistische Gesellschaft“). Im heutigen Judentum kann unterschieden werden zwischen säkularen Juden (sicherlich die Mehrheit im Judentum) und religiösen Juden.

Im religiösen Judentum unterscheiden wir zwischen der Orthodoxie einerseits (mit allen ihren Untergruppierungen, die häufig untereinander verfeindet sind) und dem nichtorthodox-religiösen Juden (reform, liberal, konservativ) – heute zahlenmäßig der Mainstream im religiösen Judentum – andererseits. Dieser ausgeprägte Pluralismus macht es unmöglich, das Judentum als monolithische Einheit zu sehen.

Die Konversion zum Judentum

Das Judentum – und das mag viele Menschen überraschen – ist absolut kein exklusiver, in sich geschlossener „Klub“. Proselyten wurden zu allen Zeiten, manchmal mit mehr, öfter mit weniger Schwierigkeiten, doch grundsätzlich immer im Judentum aufgenommen. Wie sagte doch einst Rabbiner Eleasar: „Der Heilige, gelobt sei er, hat Israel nur darum unter die Völker verbannt, damit ihnen Proselyten zugefügt werden, denn es heißt: ich will sie mir in die Erde einsäen.“[69]

In biblischen Zeiten war ein Übertritt zum Judentum mit einer einfachen Absichtserklärung verbunden, wie das Beispiel von Rut, der Ahnfrau von König David, beweist. Strengere Regeln für die Konversion zum Judentum entwickelten sich erst im Laufe der Jahrhunderte. In talmudischen Zeiten waren es zuerst Minimalforderungen, später entwickelte sich eine genau einzuhaltende Prozedur. Es muss betont werden, dass Menschen, die einmal im Judentum aufgenommen worden sind, als völlig gleichwertig mit „Juden durch Geburt“ angesehen werden und jede Beleidigung oder Herabsetzung eines Proselyten als schwere Sünde gilt. Im Talmud heißt es: „Wenn ein Proselyt zum Judentum konvertiert wurde, empfängt man ihn mit offener Hand, um ihn so unter die Flügel der göttlichen Gegenwart zu geleiten.“[70]

Angesichts der zunehmend restriktiven Haltung der heutigen Orthodoxie Konvertiten gegenüber, wundert es nicht, dass heute weltweit die große Mehrzahl aller Übertritte zum Judentum durch nichtorthodoxe Rabbiner und Rabbinerinnen erfolgt. Selbst der Staat Israel anerkennt seit vielen Jahren nichtorthodoxe Übertritte an (was aber nicht auf das israelische Oberrabbinat zutrifft), denn eine Konversion ist eine Konversion, es existiert keine halachische Grundlage, sie auf ein einziges Land zu beschränken. Dazu der ehemalige (modern-orthodoxe) sephardische Oberrabbiner von Israel Ben Zion Ouziel: „Es ist gestattet und sogar unsere Pflicht, Proselyten zu akzeptieren, selbst wenn wir wissen, dass sie nicht alle Vorschriften einhalten werden.“[71] „Selbst ein Heiratswunsch als Hauptmotiv der Konversion muss akzeptiert werden, der Kinder wegen.“[72] Vor jeder Konversion wird der/die Übertrittswillige darauf geprüft, wie ernsthaft der Konversionswunsch wirklich ist, denn der Übertritt zum Judentum kann auch heute noch mit Leiden verbunden sein, wie zum Beispiel die Ausgrenzung des Proselyten durch die eigene Familie. Im Vorgespräch wird auch der Wissensstand des Kandidaten bzw. der Kandidatin geprüft, denn gute Kenntnisse über das Judentum sind Grundvoraussetzung eines jeden Übertritts. Hat der Rabbiner/die Rabbinerin den Eindruck, dass der/die Übertrittswillige bereit ist, sich mit dem Judentum zu identifizieren und die wichtigsten Regeln der jüdischen Religion einzuhalten, wird die Empfehlung ausgesprochen, regelmäßig an Gottesdiensten und am Gemeindeleben teilzunehmen und – vor allem – ernsthaft zu lernen. In der Regel wird eine Studienzeit von mindestens einem Jahr gefordert, erst dann erfolgt – vorausgesetzt, dass der Kandidat/die Kandidatin Ernsthaftigkeit bewiesen und das nötige theoretische und praktische Wissen erworben hat – der letzte entscheidende Schritt, die Konversion. Für eine gültige Konversion bestehen folgende rituelle Grundvoraussetzungen: Beschneidung, Tevila (das Eintauchen in der Mikwe, dem rituellen Bad) und die Ablegung einer Prüfung vor einem Beit Din, einem Gremium aus drei Rabbinern bzw. Rabbinerinnen.

Was ist ein Rabbiner, was kennzeichnet Propheten?

Das Wort „Rabbi“ ist abgeleitet aus dem hebräischen Wort „Raw“ (Herr, Meister, Lehrer). Dieses Wort bekam seine Bedeutung als Ehrentitel in der Generation nach Hillel (er lebte von 30 v.d.Z. bis 9 n.d.Z.). Damalige Rabbiner (vgl. Protorabbiner, Kapitel „Eine pluralistische Gesellschaft“) – so auch Jesus – legten die Thora aus, lehrten und führten – in gut jüdischer Tradition – Streitgespräche mit Freunden und Gegnern, hatten oftmals ihre eigenen Anhänger und gingen im Allgemeinen einem bürgerlichen Beruf nach. Dass Jesus mit dem Ehrentitel „Rabbi“ von seinen Anhängern und selbst von Gegnern angesprochen wurde, erfahren wir aus den Evangelien.[73] Bemerkenswert ist die Tatsache, dass weder die Sadduzäer noch die Essener diesen Titel benutzten, nur die im Neuen Testament so viel gescholtenen Pharisäer führten den Titel „Rabbi“.

Heute sind Rabbiner Gemeindeangestellte. Sie betätigen sich als Lehrer, Prediger, Seelsorger, leiten Gottesdienste und sind auch in Rabbinatsgerichten tätig. Ihre Ausbildung ist sehr unterschiedlich. Im liberalen Leo Baeck College in London beispielsweise werden Studenten nur dann aufgenommen, wenn sie davor schon einen akademischen Titel erworben haben. Das Rabbinatsstudium dauert rund fünf Jahre. Heute können im Reformjudentum (und auch im konservativen Judentum) ebenfalls Frauen diesen Beruf erlernen.

Propheten („Nawi“ bzw. „Newia“) im jüdischen Verständnis waren von Gott berufene Mahner, Personen, die aufgrund göttlicher Offenbarung die Wahrheiten Gottes und seinen Willen verkündeten. Doch sie waren keine Hellseher, Astrologen oder Wahrsager, die den Anspruch stellten, exakte Vorhersagen machen zu können. Propheten verkündeten nur im Auftrag Gottes. Sie forderten die Wiederherstellung der Frömmigkeit, Gerechtigkeit, Schutz der Armen und Schwachen, kritisierten Oberflächlichkeit im Kult, übermäßigen Luxus, Privilegien, soziale Missstände ebenso wie den Sittenverfall und den Machtmissbrauch von einzelnen Königen. Sie salbten Könige und verkündeten in bildreicher Sprache – oft in Gleichnissen – das Heil für Einzelne und Israel, aber auch bevorstehendes Unheil.

Unter dem Begriff „Propheten" fällt in der Tradition des Judentums zunächst der zweite Teil der hebräischen Bibel. Dort unterscheidet man die „frühen Propheten"[74] von den „späten Propheten"[75]. Auch einige Nichtisraeliten zählen zu den Propheten, wie etwa der Magier Bileam.

Während Rabbi Jesus im Judentum nicht als Prophet gilt (auch weil er aus eigener Vollmacht predigte und handelte), sehen Moslems in Jesus einen echten Propheten.

Propheten waren nie bequeme Mahner. Wegen ihres Mutes, ihrer Kompromisslosigkeit, ihrer Kritik am Establishment und ihrer Scheltreden waren sie bei den Herrschenden nicht immer beliebt. Der Prophet Amos erhielt einen Landesverweis,[76] da die Priester seine Worte nicht ertragen konnten, und Jeremia wurde vom Oberpriester sogar geschlagen.[77] Elija, Jeremia und Nehemia sprachen im heiligen Zorn – und nur bildlich – von „Prophetenmördern", ohne dabei konkret zu werden,[78] und Jesaja nannte Jerusalems Anführer „unsoziale, korrupte Diebe" und meinte, „dass Gott von ihnen keine Opfer wolle". Bei ihm taucht auch das Motiv vom „Weinberg" auf,[79] dabei vergleicht er den Weinberg des Herrn mit den Israeliten. Im Gleichnis von „den bösen Weinbergknechten"[80] greift Jesus dieses Motiv, das Antijudaisten gerne in ihrem Sinne missbrauchten, wieder auf.

Keiner der bekannten biblischen Propheten ist aber von „den Juden" jemals umgebracht worden. Woher die Legenden von der Ermordung einzelner Propheten (wie Jeremia und Sacharja) stammen, bleibt unklar. Jeremia wurde vom Gericht freigesprochen,[81] wo und wann Jeremia und Sacharja starben, ist nicht bekannt, manche vermuten, dass beide im heutigen Irak ihr Ende fanden.

Die Beschreibung der Juden als „Prophetenmörder“ im Neuen Testament[82] und auch im Koran entbehrt somit historisch gesehen jeder Grundlage. Hier benutzen die Evangelisten und auch Paulus die Zornesworte der alten Propheten Israels, um das gesamte jüdische Volk als hoffnungslose „Mörderbande“ anzuklagen und zu diskreditieren, ohne dabei zu verstehen, dass manche Propheten keinen konkreten Mord meinten, sondern dass sie lediglich die Missachtung ihrer Botschaft derart in Rage brachte, dass sie von einem „Mord“ im übertragenen Sinne sprachen.

Die Evangelien

Nach heutigem Wissensstand wurde Jesus im Jahre 4 v.d.Z. in Nazareth – weniger wahrscheinlich in Bethlehem – geboren. Er starb am römischen Kreuz um das Jahr 30 n.d.Z. Über sein Leben und Sterben wissen wir nicht allzu viel, da sämtliche Schriften, die über sein Schicksal berichten, nicht von Zeitzeugen stammen. Das Neue Testament beschreibt in erster Linie die drei letzten Jahre seines Lebens. Doch im Gegensatz zu den wenigen außerchristlichen historischen Quellen (Flavius Josephus, Tacitus, Plinius der Jüngere, Sueton), die zwar die Existenz des Jesus von Nazareth erwähnen, doch nichts aus seinem Leben überliefern, erfahren wir aus den Evangelien wenigstens einige Details über dessen Werdegang. Keiner der Autoren der vier Evangelien kann als Zeitzeuge gesehen werden. Die vier Evangelien wurden von uns unbekannten Autoren (oder Autorengruppen) in griechischer Sprache verfasst und beinhalten Kopien von Abschriften und Fragmenten, von Legenden und Erzählungen aus zurückliegenden Zeiten. Ihre jeweiligen Namen erhielten die Evangelien von den Kirchenvätern im Laufe des 2. Jahrhunderts n.d.Z.

Das Markusevangelium entstand um die Jahre 70 bis 80 n.d.Z., zehn bis 20 Jahre vor den Evangelien nach Matthäus und Lukas, der auch der Verfasser der Apostelgeschichten ist. Das vierte Evangelium nach Johannes entstand wesentlich später, wahrscheinlich zwischen 110 und 120 n.d.Z. Es ist vom Prolog bis zu den feierlichen, offensichtlich abschließend gemeinten Worten am Ende von Kapitel 20 anonym verfasst. Erst in Kapitel 21 – einem späteren Anhang – wird in Vers 24 der Autor als „der geliebte Jünger" bezeichnet. Nach dem katholischen Alttestamentler Pater Thomas Calmes ist das Johannesevangelium „das antijüdischste Buch im Neuen Testament", in dem „die Juden" stets als „Feinde Jesu" beschrieben werden. Der Ausdruck „die Juden" kommt im vierten Evangelium insgesamt 71 Mal vor!

Die ältesten uns vorliegenden Zeugnisse aus der Anhängerschaft des Rabbi Jesus sind die um 55 bis 60 n.d.Z. verfassten Paulusbriefe, von denen die meisten auch auf den historischen Paulus zurückgehen. Sie beinhalten aber keinerlei Information über das irdische Leben des Jesus von Nazareth. Ob die Petrusbriefe, die um das Jahr 63 verfasst wurden (manche Wissenschaftler glauben, dass sie erst zwischen 80 und 120 n.d.Z. geschrieben wurden), auf den Apostel Petrus zurückgehen, ist unter Bibelwissenschaftlern bis heute umstritten. Das Petrusevangelium hingegen ist nach Meinung der meisten Bibelforscher erst nach Fertigstellung der synoptischen Evangelien (Matthäus, Markus und Lukas) im 2. Jahrhundert entstanden. Wer sein Verfasser war, ist bis heute unklar.

Bibelwissenschaftler stimmen darin überein, dass Matthäus und Lukas bei der Niederschrift ihrer Evangelien das Evangelium nach Markus als ihre Hauptquelle benutzten. Es ist aber auch sehr wahrscheinlich, dass sie noch mindestens eine weitere gemeinsame, weit ältere Quelle hatten, die möglicherweise Mitte des 1. Jahrhunderts in Galiläa entstanden ist, die man als Spruchquelle Q (oder Q-Evangelium) bezeichnet.

Sowohl das Alte Testament (die hebräische Bibel) – dessen Autoren nicht eindeutig identifiziert sind – als auch das Neue Testament können nicht als wirklich objektive Geschichtsbücher angesehen werden. Sie alle sind in erster Linie Tendenzschriften, die eine bestimmte theologische, apologetische und polemische Absicht verfolgten, aus denen lediglich einige Erkenntnisse über geschichtliche Ereignisse gezogen werden können.

Gläubige Juden und Christen sind davon überzeugt, dass ihre heiligen Schriften von göttlich inspirierten Menschen verfasst wurden, und das soll hier auch nicht infrage gestellt werden. Doch den meisten aufgeklärten Gläubigen heutzutage ist bewusst, dass selbst „göttlich inspirierte“ Menschen vor Fehlern nicht gefeit sind. Sie alle waren Kinder ihrer Zeit, mit unterschiedlichen Erfahrungen, Wunschvorstellungen, Abneigungen,

Vorurteilen und Schicksalen. Es kann daher niemanden wundern, wenn all diese Lebenserfahrungen ihre Wahrnehmungsfähigkeit und Interpretation der göttlichen Botschaft beeinflusst haben. Ein Umstand, der sich zwangsläufig in den von ihnen verfassten Schriften niederschlagen musste. Nur Fundamentalisten bestreiten diese Tatsache, verstehen die Schriften stets im wortwörtlichen Sinn und lehnen jede Interpretation und die Ergebnisse der Bibelwissenschaft strikt ab.

Die historische Forschung betrachtet heute jene Texte des Neuen Testaments, in denen antijüdische Kritik zum Ausdruck kommt, als Teil einer innerjüdischen Auseinandersetzung, wobei es auch um den Prozess der Abgrenzung und Profilierung judenchristlicher Gemeinden von anderen jüdische Gruppierungen geht. Erst in späteren Zeiten, als die Abtrennung des Christentums vom Judentum längst Realität geworden war und die Mehrheitsverhältnisse sich umgekehrt hatten, wurden die kritischen Formulierungen als Abwertung der jüdischen Religion und des jüdischen Volkes gesehen und auch missbraucht. Dass der Kreuzestod Jesu von nun an „den Juden" (bei gleichzeitiger Entlastung der Römer) in die Schuhe geschoben wurde, war nur ein logischer und aus Sicht der jungen Christengemeinde notwendiger Schritt der Überlebensstrategie im Römischen Reich, in dem das frühe Christentum wenig beliebt war (in den Annalen nennt Tacitus das Christentum einen „verderblichen Aberglauben")[83].

Bei aller Kritik an vielen Aussagen der heiligen Schriften des Christentums sollte aber auch nicht vergessen werden, dass dort auch durchaus positive Worte über die Juden zu finden sind, Aussagen, die über viele Jahrhunderte in Vergessenheit gerieten. So heißt es bei Johannes: „Das Heil kommt von den Juden"[84] und in Römer finden wir folgende Sätze: „Denn sie sind Israel, Gottes erwähltes Volk", „Die Wurzel [also das Judentum], die die Kirche trägt" und „Gott hat sein Volk nicht verstoßen".[85]

Im gleichen Geist ist auch die Nostra-Aetate-Erklärung des Zweiten Vatikanischen Konzils der römisch-katholischen Kirche (1965) verfasst, dort heißt es in Artikel 4 sinngemäß: „Die Kirche lehnt jede Form des Antisemitismus und der Diskriminierung der Juden ab“, „Der Gott Israels und der Christen ist derselbe Gott“ und „Die Geschichte des Judentums geht nicht mit der Zerstörung Jerusalems zu Ende“.

Die Botschaft des Rabbi Jesus nach Darstellung der Evangelien und im Spiegel der jüdischen Tradition

Dass Jesus von Nazareth – genauso wie seine Familie und all seine Jünger – Jude war, ist heute, auch unter Christen, im Allgemeinen anerkannt. Jesus (sein hebräischer Name lautete Jehoschua oder Josua, was so viel bedeutet wie: „Gott ist Hilfe") wurde auch, wie alle anderen jüdischen Kinder, am achten Tag nach seiner Geburt beschnitten und in der Synagoge ausgelöst (Pidjon ha-Ben).[86] Wie wir aus den Evangelien erfahren, ließ sich Jesus durch Johannes am Jordan taufen (hebräisch: Tewila), doch auch das war eine jüdische Sitte. Heute noch sind Reinheitsrituale wichtige Zeremonien im Judentum. Dass Rabbi Jesus Synagogen aufsuchte und dort predigte, lesen wir ebenfalls in den Evangelien,[87] Nichtjuden wäre das Predigen in Synagogen nicht gestattet worden.

Rabbi Jesus trug auch, nach Art der orthodoxen Juden heute, einen Gebetsmantel mit Quasten (Zizit),[88] verlangte die Darbietung von Opfern,[89] bezahlte anstandslos die vorgeschriebene Tempelsteuer und pilgerte zu den Wallfahrtsfesten, wie vorgeschrieben, nach Jerusalem. Das alles spricht für seine Gesetzestreue.

Wie viele andere Wanderprediger zog Rabbi Jesus mit seinen Anhängern durch Galiläa, predigte nach Art und in der Sprache der Propheten in oft nicht leicht verständlichen Gleichnissen (siehe: „Was ist ein Rabbiner, was kennzeichnet Propheten?") und machte zunächst durch Wunderheilungen – auch von aus der Gesellschaft Ausgestoßenen – auf sich aufmerksam. Doch Jesus war nicht der einzige charismatische Heiler seiner Zeit. Auch die berühmten Weisen Honi der Gerechte und Hanina ben Dosa waren als Heiler und Dämonenaustreiber weithin bekannt und manche verehrten sie als „Nachfahren von Elija", von dem auch berichtete wird, „dass er den verstorbenen Sohn einer Witwe erweckte".[90]

Nach Markus heilte Jesus auch am Schabbat, eine Handlung, die ihm viele seiner Gegner angeblich übel nahmen.[91] Doch genau an diesem Bericht der Evangelien zeigt sich, dass die Evangelisten das jüdische Gesetz nicht genau kannten. Denn schon seit jeher waren Heilungen am Schabbat und sogar die Rettung eines verletzten Tieres, das in eine Grube gefallen ist, im Judentum möglich, sogar Pflicht. Im Judentum galt und gilt: Die heilige Schabbatruhe wird bei der Notwendigkeit der Rettung von Lebewesen aufgehoben!

Auch die in den Evangelien überlieferten Ansichten von Rabbi Jesus zum Schabbat stehen nicht im Gegensatz zur Tradition des Judentums. Was am Schabbat gestattet und was verboten ist, war im Judentum stets eine Frage der Interpretation, und schon zu Lebezeiten Jesu gab es zu diesem Thema viele unterschiedliche Lehrmeinungen.

Die Worte von Rabbi Jesus: „Der Schabbat ist für den Menschen da, nicht der Mensch für den Schabbat“[92] sind auch im Talmud[93] nachzulesen und könnten genauso gut aus dem Mund von Rabbinern und Rabbinerinnen der Gegenwart stammen.

Ähnliches gilt auch für seine Ansichten von „rein und unrein“.[94] Kernpunkt seiner Aussage ist: „Das, was der Mensch von außen in sich aufnimmt, kann ihn nicht unrein machen, weil es nicht in sein Herz, sondern nur in den Magen gelangt, und dann vom Körper ausgeschieden wird; aber das, was aus dem Menschen selbst kommt, macht ihn unrein.“ Mit diesen Worten verlangt Jesus nicht die Aufhebung der Speisegebote (das wäre ein todeswürdiges Verbrechen nach damaligem Recht gewesen), er spricht nur das aus, was auch die großen Propheten in Bezug auf die Einhaltung von Geboten und gehaltlosen Ritualen – besonders im Zusammenhang mit der Darbringung von Tieropfern – verkündeten. Wie predigte doch der Prophet Amos: „Der Herr sagt: … Eure Brandopfer und Speiseopfer sind mir zuwider …, sorgt lieber dafür, dass jeder zu seinem Recht kommt. Recht und Gerechtigkeit sollen das Land erfüllen …“[95] Und der Prophet Jesaja spricht im heiligen Zorn: „Was soll ich mit euren vielen Opfern …? Wenn ihr zu meinem Tempel kommt, zertrampelt ihr nur seine Vorhöfe … Lasst eure nutzlosen Opfer …, macht Schluss mit eurem üblen Treiben … Lernt Gutes zu tun, sorgt für Gerechtigkeit, helft den Waisen und Witwen zu ihrem Recht."[96] Doch die Propheten fordern nicht, mit den Tieropfern Schluss zu machen, sie sagen nur, dass für Gott gute Taten, Gerechtigkeit und Umkehr (Teschuwa) wichtiger sind als seelenlose Zeremonien. Erst ein einwandfreier Lebenswandel, das Trachten nach Gerechtigkeit und ehrlich gemeinte Umkehr, bei gleichzeitiger Erfüllung der übrigen Gebote, ist Gott gefällig! Auch Rabbi Jesus, der betonte, dass er nicht gekommen sei, das Gesetz zu ändern, sondern um es komplett zu erfüllen,[97] spricht im Sinne dieser großen Propheten und in der Tradition der Protorabbiner, die ebenfalls bereit waren, die traditionelle Halacha (das gesamte gesetzliche System des Judentums: Gebote und Verbote der schriftlichen und mündlichen Überlieferung) auszulegen und in manchen Bereichen – aus eigener Vollmacht – neu zu definieren. So entschied beispielsweise der hochangesehene Rabbiner Hillel (der Ältere), den biblischen Schuldenerlass im 7. Jahr aus wirtschaftlichen und sozialen Gründen außer Kraft zu setzen (siehe Glossar: „Prosbul").

Als ein Gesetzeslehrer – also entweder ein Protorabbiner oder ein Pharisäer – Jesus fragte, „welches denn das wichtigste aller Gesetze sei",[98] antwortete Rabbi Jesus: „Das wichtigste Gebot ist dieses: ‚Höre Israel! Der Ewige, unser Gott, der Ewige ist eins. Du sollst den Ewigen, deinen Gott, lieben mit deinem ganzen Herzen, mit deiner ganzen Seele und mit ganzer Kraft'." Hier zitiert Jesus das 5. Buch Moses[99] und das zentralste jüdische Gebet, das „Höre Israel", das gläubige Juden zweimal täglich beten und in dem sie die Einheit und Einzigartigkeit Gottes betonen. Anschließend setzte er fort und sagte: „Gleich danach kommt das andere Gebot: ‚Liebe deinen Nächsten wie dich selbst.' Es gibt kein Gebot, das wichtiger ist als diese beiden." Diese Worte Jesu sind auch zentrale Forderungen der Thora (siehe: „Ecksteine und Wesen des Judentums“). Wir finden sie – wie dort ausführlich erläutert – im 3. Buch Moses[100] und ebenfalls im 5. Buch Moses[101]. Diese Gesetze der alttestamentarischen Nächsten- und Feindesliebe galten auch für den Fremden, also den Heiden, der im Lande Israel wohnt. Sie decken sich ebenfalls (siehe auch: „Goldene Regel“ in Matthäus und Lukas)[102] mit den Aussagen von Rabbi Hillel, der predigte: „Tue keinem etwas an, was du nicht willst, dass man dir tut.“[103]

Auch der Umgang von Rabbi Jesus mit kranken Nichtjuden entspricht letztlich den Forderungen des Talmuds, wo gefordert wird: „Man versorge die Armen aus den Völkern mitsamt den Armen Israels und man besuche die Kranken derer aus den Völkern mitsamt den Kranken Israels und man begrabe die Toten derer aus den Völkern mitsamt den Toten Israels, des Friedens wegen.“[104]

Aus den Evangelien erfahren wir, dass sich Jesus mit der Heilung von Nichtjuden anfangs schwer tat. Denn zuerst weist er die Bitte einer Frau, ihre kranke Tochter von einem Dämon zu befreien, mit schroffen und beleidigenden Worten ab, bevor er schließlich doch ihrer Forderung nachkommt.[105]

Jesus verwarf auch jede Form der Rache und Vergeltung in seiner Bergpredigt.[106] Hierbei zitierte er wortwörtlich die hebräische Bibel.[107] Die Forderung Jesu nach einem bedingungslosen Pazifismus[108] ist in dieser radikalen Form allerdings in der hebräischen Bibel nicht überliefert, denn Selbstverteidigung ist im Judentum gestattet. Leider muss dazu bemerkt werden, dass sämtliche monotheistischen Religionen, zu allen Zeiten, diese idealistische Forderung des Rabbi Jesus stets ignorierten.

Wer die Bergpredigt mit offenen Augen liest, wird feststellen können, dass Rabbi Jesus in dieser so zentralen Predigt viele der wichtigsten Grundsätze des Judentums (siehe: „Ecksteine und Wesen des Judentums“) zusammenfasst. So unter anderem: Friedensbestrebungen (Mischna: „Suche den Frieden und jage ihm nach“)[109], Barmherzigkeit, Verzicht auf Rache, Liebe zu allen Menschen, Mildtätigkeit, Verbot von Meineid und Ehebruch (siehe: „Die Zehn Gebote“) und die ehrlich gemeinte Umkehr.

Doch Rabbi Jesus richtete seine Botschaft, ganz im Gegensatz zu seinen Nachfolgern, ausschließlich an die Kinder Israels[110] und versuchte auch nicht, Heiden zu missionieren, selbst wenn er sie respektvoll behandelte. Er verbot sogar seinen Jüngern, nichtjüdische Orte aufzusuchen, um den Menschen dort zu predigen. Auch hier handelt er ganz in der Tradition des damaligen Judentums, einer Religion, die mit Ausnahme einer kurzen Periode unter König Hyrkanos, der zwischen 135 und 106 v.d.Z. regierte und u. a. die Idumäer zur Konversion zwang, nie gewaltsam missionierte. Herodes der Große entstammte einer wohlhabenden idumäischen Familie.

Der geringe Missionseifer des Judentums hängt mit dem Begriff der „Noachiden“ zusammen.[111] Gemeint sind hier alle Nichtjuden, denen nach rabbinischer Auslegung ein „Anteil an der kommenden Welt“ (also das Heil) unabhängig von ihrem Glauben zugestanden wird, allerdings unter der Voraussetzung, dass sie sich an sieben klar definierte ethische Anweisungen halten. Diese lauten: „Du sollst keine Götzen (bzw. viele Götter) anbeten, nicht morden, nicht rauben, keine Unzucht treiben, Tiere nicht quälen (lebende Tiere verspeisen) und Gott nicht lästern.“ Neben diesen sechs negativen Anweisungen besteht eine zusätzliche positive Forderung, und zwar die der Errichtung von Gerichtshöfen. Selbst eine Art der Vielgötterei wird in der talmudischen Auslegung Nichtjuden gestattet, nämlich dem einen Gott „Beisassen“ zuzugesellen.[112] Mit anderen Worten: Das Heil in der kommenden Welt hängt nicht von der Zugehörigkeit zu einer bestimmten Religion ab, schon gar nicht zum Judentum. Auch in der rabbinischen Literatur findet sich eine Bekräftigung dieses humanistischen Prinzips. So heißt es unter anderem: „Es gibt Gerechte unter den nichtjüdischen Völkern“[113] und „Die Frommen der Völker haben Anteil an der kommenden Welt“[114].

Das Judentum lehnte niemals Proselyten aus Überzeugung ab. Wie sagte doch Rabbi Eleasar: „Der Heilige, gelobt sei er, hat Israel nur darum unter die Völker verbannt, damit ihnen Proselyten zugefügt werden, denn es heißt: Ich will sie mir in die Erde einsäen."[115] Und viele Proselyten spielten eine wichtige Rolle im Judentum, wie etwa Rut, die Ahnfrau von König David. Selbst im so zentralen Alenu-Gebet („Es ist unsere Aufgabe …") wird die vage Hoffnung ausgedrückt, „dass einst alle Menschen dieser Erde die Herrschaft des einen Gottes annehmen und seinen heiligen Namen ausrufen werden". Doch dieser Bekehrungswunsch ist nicht an eine bestimmte Gruppe gerichtet und hat auch nichts mit der eigenen Heilserwartung oder gewaltsamen Mission Andersgläubiger zum Judentum zu tun.

Bemerkenswert ist auch die Tatsache, dass Jesus zum Thema Ehebruch und Ehescheidung das noch heute gültige orthodoxe Ehe- und Scheidungsrecht predigte, das im Reformjudentum allerdings seine Gültigkeit verloren hat. Dabei definiert er einen Mann, der eine Geschiedene ohne Scheidungsurkunde heiratet, als verwerflichen Ehebrecher.[116]

Rabbi Jesus verkündete mit großer Leidenschaft die vom Volk sehnlichst erwartete „kommende neue Welt Gottes und Gottes baldige Herrschaft"[117] und erweckte als charismatischer Prediger große Hoffnungen im Volk, die ihm schließlich zum Verhängnis wurden. Er sprach vom Menschensohn[118] und vom leidenden Menschensohn[119], der bald (noch zu Lebzeiten einiger seiner Jünger) erscheinen wird, und vom bevorstehenden Ende der Welt, der Apokalypse. In den drei synoptischen Evangelien[120] beschreibt er die kommende Apokalypse sehr plastisch, er spricht: „Erschreckt nicht, wenn nah und fern Kriege ausbrechen … Ein Volk wird gegen das andere kämpfen … Es wird überall Erdbeben und Hungersnöte geben … Kinder werden sich gegen ihre Eltern stellen und sie töten lassen …, dann kommt der Menschensohn in den Wolken als Weltrichter[121] …, aber den Tag oder die Stunde, wann das geschehen soll, kennt niemand …" Jesus verkündete auch – wie die Pharisäer und andere Protorabbiner und ganz im Gegensatz zu den Sadduzäern – die „Auferstehung der Toten“[122], ein Glaubensbekenntnis, an dem das orthodoxe Judentum bis heute festhält.

Doch in keinem der vier Evangelien gibt sich Jesus dem jüdischen Volk oder seinen jüdischen Sympathisanten und Gegnern gegenüber als „der Messias“ zu erkennen. Selbst einem Boten des Täufers Johannes verweigert er eine klare Antwort.[123] Lediglich im Kreise seiner Jünger, die ihn primär für einen Propheten, Johannes den Täufer oder einen Heiligen Gottes (doch nicht den Messias) halten, spricht Jesus davon, dass er der Retter sei,[124] warnt sie aber gleichzeitig davor, ihre Vermutung dem Volk bekannt zu geben. Dabei beschreibt er eindringlich die Gefahr von falschen Messiasanwärtern.[125]

Genauso wenig, wie sich Jesus als „der kommende Messias“ in der Öffentlichkeit darstellte, hat sich Rabbi Jesus „als leiblicher Sohn Gottes“, „Sohn Davids“ oder „Menschensohn“, von dem er stets auch in dritter Person spricht, dem Volk präsentiert.[126] Im gleichen Atemzug sprach er zu den Jüngern vom „Menschensohn, der getötet werden wird, um dann, nach drei Tagen, aufzuerstehen“.[127] Doch genau diese Aussage wollte Petrus, der offensichtlich ein völlig anderes Messiasbild hatte, nicht akzeptieren, weswegen er von Jesus als „Satan“ bezeichnet wurde.

Dass Jesus Gott mit „Abba“ (Vater) ansprach[128] und zu seinem Vater im Himmel mit den Worten „Vater, ich preise dich“ betete, sollte nicht falsch verstanden werden. Wie schon im Kapitel „Das Gebet“ dargelegt, ist und war diese Wortwahl im Gebet für fromme Juden eine Selbstverständlichkeit, die aber nicht wortwörtlich verstanden werden darf, sondern nur im übertragenen Sinn. Mit Blasphemie hatten seine Worte nicht das Geringste zu tun.

Erst bei der Befragung vor dem Hohen Rat spricht Jesus davon, dass er der Messias sei, hier antwortet er: „Ich bin es!“ bzw. „Ihr sagt es!“[129] Nach Johannes gibt sich Jesus einer Samariterin (einer Nichtjüdin) gegenüber als der Retter aus und einmal ruft er, nachdem er sich vor der Menge versteckt hat: „Ich bin der Retter!“[130] Doch wem diese Botschaft gilt, bleibt unklar.

In der deutlichen Sprache der großen Propheten (Jesaja nannte Jerusalems Anführer korrupte, unsoziale Diebe und meinte, dass Gott ihre sinnlosen Opfer nicht wolle)[131] kritisierte Jesus den Machtmissbrauch, die Eitelkeit, unsoziales Verhalten und Scheinheiligkeit einzelner Gruppierungen im Judentum (vor allem die der Priester und von Teilen des pharisäischen Judentums)[132] und sagte wiederholt – ebenfalls wie die großen Propheten Israels – die Zerstörung Jerusalems[133], aber auch das kommende Reich Gottes und die Neuerschaffung von Himmel und Erde[134] voraus. Dass derartig offene Worte der Kritik den Mächtigen nicht besonders gefallen haben, kann sich jeder leicht vorstellen, doch ob die Worte eines damals den Herrschenden weitgehend unbekannten Wanderpredigers als „große Bedrohung" ihrer Macht wahrgenommen wurden, erscheint zweifelhaft („Wer ist dieser?")[135].

Im Neuen Testament wird auch berichtet, dass Jesus die Händler, Käufer und Geldwechsler aus dem Tempel gewaltsam vertrieb.[136]

Dabei sprach er vom Tempel als „einer Räuberhöhle" und zitierte somit den Propheten Jeremia.[137] Inwieweit Jesus im Tempelvorhof ganz allein – und nur dort wurde Handel betrieben – physische Gewalt gegen Verkäufer und Käufer anwandte, erscheint unklar, vor allem weil Jesus jede Form der Gewalt ablehnte. Zudem ist nicht vorstellbar, dass die dort anwesende Tempelpolizei und die beim Tempel stationierten römischen Wächter ein solches Treiben tatenlos geduldet hätten.

Dass Jesus auch keine konkreten Absichten hatte, „den Tempel mit eigenen Händen niederzureißen, um ihn danach in drei Tagen wieder aufbauen"[138] (wie falsche Zeugen, ohne glaubwürdig zu sein, beim Verhör Jesu behaupteten), geht aus Johannes klar hervor. Dazu Johannes: „Mit dem Tempel meinte Jesus aber sich selbst."[139]

Leben und Tod des Rabbi Jesus

Welcher Gruppierung im Judentum stand Jesus nahe?

Eines kann mit Sicherheit festgestellt werden: Rabbi Jesus stand – wie viele Protorabbiner und Pharisäer seiner Zeit – im vollkommenen Gegensatz zur Priesterkaste (siehe: „Eine pluralistische Gesellschaft“ – Sadduzäer) und deren theologischen Vorstellungen.

Den Pharisäern (oder einer Untergruppierung dieser heterogenen Gruppe) könnte man ihn schon eher zurechnen. Wie sie, so glaubte auch er an die mündliche Überlieferung, an die menschliche Seele und die Auferstehung der Toten. Wie die Pharisäer erachtete er die Synagoge als Ort des Gebets. Er bestätigte außerdem die Kompetenz der Pharisäer als Lehrer.[140] Dass er mit einigen von ihnen einen freundschaftlichen Kontakt pflegte, ist auch bekannt. Doch er kritisierte sie, oder einige von ihnen, als unehrlich und war mit ihren übertriebenen Reinheitsgeboten nicht einverstanden. Auch ihre Neigung zur Askese und Absonderung (Peruschim) dürfte ihm nicht sympathisch gewesen sein.

Mit den Essenern (auch in Qumran am Toten Meer) pflegte er – nach Meinung der Theologen Lehmann, Wachter und Venturini[141] – möglicherweise Kontakt. Doch auch ihre Theologie, übertriebenen Reinheitsgebote, ihre Neigung zur Absonderung und Askese standen deutlich im Gegensatz zu seinen eigenen theologischen Vorstellungen.

Viele seiner Predigten und Taten erinnern uns an die großen Propheten Israels (siehe: „Was ist ein Rabbiner, was kennzeichnet Propheten?“). Wie sie verstand er sich als Sprachrohr Gottes und kritisierte soziale Missstände, wobei er sich ebenfalls die Feindschaft der Mächtigen zuzog. Er prophezeite, sprach in Gleichnissen und rief die Menschen zur Umkehr auf. Im Gegensatz zu den biblischen Propheten betonte aber Jesus, dass er aus eigener Vollmacht dazu berechtigt sei, Sitten und Gesetze neu zu interpretieren.

Doch bei Rabbi Jesus fehlen die letztlich optimistischen Erwartungen der großen Propheten, die trotz aller von ihnen ausgesprochenen Anklagen und Verwünschungen die Rückkehr der Verbannten, den ewigen Beistand Gottes für Israel, die Wiedererrichtung Jerusalems, einen neuen Anfang erwarteten und Israel Trost spendeten.

Auffällig ist die Nähe Jesu zu den Schriftgelehrten. Wie manche von ihnen – und besonders Rabbi Hillel (sein Vorbild?), den er oft zitierte – gab er sich volksnah, hatte seine eigenen Anhänger und Schüler, unterrichtete, führte religiöse Dispute mit Freunden und Gegnern und übte auch einen Beruf aus. Dass er Sitten und Gesetze als nicht in Stein gemeißelt sah und bereit war, diese zu hinterfragen, auch – falls aus sozialen Gründen erforderlich – außer Kraft zu setzen, zeigt ebenfalls seine Nähe zur Schule des Rabbi Hillel. Gelegentlich erinnert er an moderne Reformrabbiner, doch anders als sie sprach er davon, dass er gekommen sei, um das Gesetz bis zur letzten Jota zu erfüllen und nicht zu ändern, und meinte, dass man ihm bedingungslos folgen müsse, notfalls auch bei Aufgabe der eigenen Familie.

Rabbi Jesus einer bestimmten Gruppierung im Judentum zuzuordnen, quasi in eine begriffliche Schublade zu stecken, erscheint nicht möglich. Viel eher kann festgestellt werden, dass er eine sehr eigenständige Erscheinung war, die aber mit einigen Gruppierungen im Judentum viel verbindet. Als wortgewaltiger Wanderprediger konnte er Menschen begeistern und eine Gruppe von mehr oder weniger treuen Anhängern und Schülern um sich versammeln. Seine Predigten hielt er im Stil der Propheten und selbst die theologische Botschaft, die Rabbi Jesus verbreitete, erinnert an die Aussagen und Forderungen der alten Propheten Israels. Doch genauso gut kann festgestellt werden, dass Jesus theologisch viel mit der Gruppe der Pharisäer und noch mehr mit den Protorabbinern seiner Zeit – wie unter anderem Rabbi Hillel – verbindet. Lediglich mit den Sadduzäern verband Rabbi Jesus so gut wie nichts.

Verstieß Rabbi Jesus gegen das jüdische Gesetz?

Bevor auf den folgenden Seiten der Prozess gegen Rabbi Jesus zur Sprache kommen kann, muss geklärt werden, ob Jesus in Worten oder Taten mit dem jüdischen Gesetz in Konflikt geriet.

Gab es eine (aus jüdischer Sicht) legale Handhabe gegen ihn, und wenn ja, welche? Diese Frage erscheint besonders wichtig, weil ohne fundierte Anklagepunkte ein Strafverfahren gegen Rabbi Jesus nach jüdischem Recht, und besonders vor dem Hohen Rat, undenkbar gewesen wäre.

Von Laien, aber auch seitens christlicher Theologen, wurde immer wieder die Behauptung aufgestellt, dass Jesus wegen bestimmter Aussagen und Handlungen vom Hohen Rat zum Tode verurteilt wurde. Für viele Menschen gilt es als ausgemachte Tatsache, dass Rabbi Jesus wegen folgender „Vergehen" angeklagt wurde:

1. Sein Anspruch, der Messias, leiblicher Sohn Gottes und König der Juden zu sein. In diesem Zusammenhang fällt auch der Begriff „Gotteslästerung".
2. Diverse Gesetzesübertretungen. Dazu gehören Heilungen am Schabbat, Verletzung der strengen Ruhebestimmungen des Ruhetages durch seine Jünger und außerdem auch eigenmächtige Aufhebung der Reinheitsgebote, also Übertretung der Speisegesetze.
3. Gewaltanwendung im Tempel und seine Drohung, den Tempel abzureißen und nach drei Tagen wieder aufzubauen
4. Harte Kritik an den Herrschenden

Doch waren diese oft angeführten Gründe wirklich ausreichend für eine Anklage vor dem höchsten jüdischen Gericht, in dem es letztlich um Leben und Tod ging? Um diese Frage beantworten zu können, erscheint es erforderlich, die oben angeführten unterschiedlichen Anklagepunkte kritisch zu durchleuchten.

Anklagepunkt: *Messias*
(siehe dazu auch die Kapitel „Das jüdische Messiasbild und die Auferstehung der Toten“ und „Die Botschaft des Rabbi Jesus“)

Rabbi Jesus sprach in der jüdischen Öffentlichkeit nie davon, dass er der kommende Messias aus dem Hause David sei. Lediglich vor dem Hohen Rat (und das nur in der Berichterstattung von Markus[142], nicht aber bei Matthäus oder Lukas) und später vor Pilatus bejahte er die diesbezüglich an ihn gerichtete Frage eindeutig. Woher also sollten die Priester, Pharisäer oder Richter von seinem öffentlich nie verkündeten Anspruch, der Messias zu sein, schon vorher gehört haben? Sicher nicht von seinen Jüngern, denen Jesus ein Schweigeverbot auferlegt hatte!

Doch selbst wenn er sich als „der Retter Israels“ (der Messias) gesehen und das öffentlich kundgetan hätte, wäre ein derartiges Selbstverständnis nach damaligem Recht kein Grund für ein Gerichtsverfahren gegen ihn gewesen. Viele – zwölf namentlich bekannte Personen – vor und nach ihm behaupteten, der Messias zu sein. Am geläufigsten sind uns die Namen von Theudas (44 n.d.Z.), Eleasar ben Dinseus (53 n.d.Z.), Menachem der Zelote (66 n.d.Z.), Simon ben Giora (70 n.d.Z.), Jonathan der Sikarier (73 n.d.Z.), Simon bar Kochba (132 n.d.Z.) und Sabbatai Zewi (im 17. Jahrhundert). Viele unter ihnen wurden durch die Römer gekreuzigt, doch kein einziger wurde wegen der Behauptung, der Messias zu sein, jemals vor ein jüdisches Gericht gestellt; nicht einmal diejenigen, die mit diesem maßlosen Anspruch großes Unglück über das Volk brachten, wie etwa Bar Kochba, der zwischen 132 und 135 den Aufstand gegen Rom anführte, oder Sabbatai Zewi im 17. Jahrhundert.

In jüdischen Augen mag es auch seltsam, ja unverständlich

erscheinen, dass Jesus – falls er sich selbst wirklich als Messias verstand – seinen messianischen Auftrag der Öffentlichkeit verschwieg und seinen Jüngern strengstes Stillschweigen diesbezüglich verordnete. Denn ein von Gott entsandter und mit ungeahnten Kräften ausgestatteter Messias, der imstande wäre, die Befreiung Israels vom Joch der Besatzer zu bewirken, müsste sich doch selbstbewusst zu seiner Mission bekennen!

Anklagepunkt: *Sohn Gottes*
Im Johannesevangelium lesen wir: „Der Sohn kann nichts von sich aus tun, er handelt nur nach dem Vorbild seines Vaters … Wie der Vater die Toten auferweckt und ihnen das neue Leben gibt, so gibt auch der Sohn neues Leben …“[143]

Gott als Vater und Vorbild, als Erwecker der Toten und Spender neuen Lebens für die Frommen (die wahren Söhne Gottes) nach der Auferstehung, ist urjüdisches Gedankengut. Fromme Juden verstehen aber die Selbstbezeichnung „Sohn Gottes“ nicht im wörtlichen, sondern nur im übertragenen Sinn und sprechen Gott im Gebet liebe- und respektvoll als „unser Vater, unser König“ an. Diese Selbstbezeichnung galt und gilt im Judentum nicht als „Gotteslästerung“ und war sicher kein Grund, um deswegen jemanden vor Gericht zu stellen.

Anklagepunkt*: König der Juden*
Rabbi Jesus bezeichnete sich selbst nie in der Öffentlichkeit als „König der Juden“. Nur vor Pilatus beantwortete er die Frage, ob er König der Juden sei, mit einem „Du sagst es“, doch bei Johannes fügt er noch hinzu: „Mein Königtum ist nicht von dieser Welt“,[144] eine Antwort, die Pilatus als Heide kaum verstehen konnte und daher als Bejahung interpretieren musste.

Für Juden zu Lebzeiten von Jesus gab es nur zwei akzeptierte Könige: einen irdischen König (z. B. David) und einen himmlischen König (Gott). In den Augen der Römer gab es nur einen einzigen legalen König, den römischen Kaiser.

Der kommende Messias aus dem Hause David wurde im

Judentum (siehe: „Das jüdische Messiasbild und die Auferstehung der Toten") zwar manchmal mit einem König gleichgesetzt, doch gemeint war die zukünftige Herrschaft Gottes („Gott ist König") in aller Welt, die mit dem Kommen des Messias eingeleitet werden wird. Doch in den Augen eines Römers, der das Judentum kaum kannte, klangen derartige Aussagen wie Hochverrat. Denn Könige und Herrscher – wie etwa Herodes – wurden von Rom eingesetzt und nicht vom beherrschten Volk. Doch Pilatus wusste mit Sicherheit von den jüdischen Hoffnungen vom Kommen eines Messias (aus dem Hause David) und der mit diesem Ereignis verbundenen Erwartungshaltung vom Ende der römischen Herrschaft. Ihm war auch sicherlich bewusst, dass ein antirömischer Aufstand unter der Führung von Zeloten, die sehnsüchtig auf den Messias warteten, jederzeit losbrechen konnte.

Deswegen gingen die Römer gegen jede nur mögliche Form eines (manchmal nur vermuteten) Widerstandes oder einer Aufhetzung der Bevölkerung gegen Rom mit äußerster Härte und Brutalität vor. So endete auch der Bar-Kochba-Aufstand in den Jahren 132 bis 135 n.d.Z. mit einer der größten menschlichen Katastrophen in der Geschichte Israels. Rund 600.000 Juden verloren ihr Leben und Jerusalem wurde zerstört. Ob Pilatus durch einzelne Rom hörige Priester oder von römischen Spionen auf den angeblichen Aufwiegler Jesus aufmerksam gemacht wurde, bleibt unklar. So war die unklare Antwort des Rabbi Jesus vor Pontius Pilatus („Du sagst es") gleichzeitig sein sicheres Todesurteil. Hätte Rabbi Jesus die Anschuldigung, König der Juden zu sein, vor Pilatus klar dementiert, wäre er möglicherweise nicht hingerichtet worden.

Anklagepunkt: *Übertretung von Gesetzen*

Bemerkenswert ist die Tatsache, dass Jesus vor dem obersten Priester und vor dem Hohen Rat nicht mit seinen (angeblichen) „Gesetzesübertretungen" konfrontiert wurde. Denn gerade die Missachtung der Schabbatruhe und der Reinheitsgebote war ein damals durchaus strafwürdiges Vergehen. Doch entweder wussten die Ankläger nichts von seinen „Gesetzesübertretungen", oder – und das erscheint wahrscheinlicher – es standen seine Ansichten und Handlungen nicht im Gegensatz zum Religionsgesetz, denn schon Rabbi Hillel interpretierte ungestraft die Gesetze der Thora und setzte manche von ihnen – durchaus aus eigener Vollmacht – außer Kraft (siehe: „Die Botschaft des Rabbi Jesus").

Es kann daher gesagt werden, dass Rabbi Jesus aus der Sicht des Judentums kein Ketzer oder Gotteslästerer war und dass all seine Predigten, Handlungen und ethischen Vorstellungen in keiner Weise im Gegensatz zu den Lehren des damaligen Judentums standen (siehe: „Ecksteine und Wesen des Judentums").

Anklagepunkt: *Gewaltanwendung*
Hätte Jesus im Tempel oder im Tempelvorhof, wo die Händler ihre Buden hatten, gewütet, dort Verkäufer und Kunden bedroht oder geschlagen, dann wäre er mit Sicherheit an Ort und Stelle von der Tempelpolizei oder von römischen Soldaten festgenommen und vor Gericht verurteilt worden. Doch weder die angebliche Gewaltanwendung im Tempel noch seine Worte vom „Niederreißen des Tempels" (dazu Johannes: „Mit dem Tempel meinte Jesus sich selbst")[145] waren Hauptgegenstand seiner Befragung und daher irrelevant vor dem Gericht, selbst als nach Markus und Matthäus falsche Zeugen ihn dessen beschuldigten.

Anklagepunkt: *Beschimpfung von Einzelgruppierungen (Priestern und Pharisäern)*
Die Kritik des Rabbi Jesus an sozialen Missständen, der Vorwurf der Heuchelei und harsche Worte Priestern und Pharisäern gegenüber waren ebenfalls kein Thema der Befragung. Ob die Ansichten von Rabbi Jesus den Mitgliedern des Hohen Rates oder einzelnen Priestern wirklich bekannt waren, bleibt offen. Hätten die Betroffenen davon gewusst, dann wären sie über seine Worte zwar nicht entzückt gewesen, hätten sich aber sicher-

lich nicht die Mühe gemacht – und damit gegen das jüdische Gesetz verstoßen –, an einem hohen Festtag (Pessach) zusammenzukommen, um ihn wegen seiner kritischen Worte und gegen alle bestehenden Rechtsvorschriften zu verurteilen.

Der Einzug in Jerusalem

Als Rabbi Jesus samt Anhängern in Jerusalem einzog, war er den meisten Bewohnern Jerusalems und auch vielen Pilgern aus dem ganzen Land weitgehend unbekannt. Das erfahren wir aus dem Matthäusevangelium, dort heißt es: „Als Jesus in Jerusalem einzog, geriet alles in große Aufregung … ‚Wer ist dieser Mann?', fragten die Leute in der Stadt … Die Menge, die ihn begleitete, rief: ‚Das ist der Prophet …'"[146] Anscheinend glaubte keiner in seiner Umgebung daran, dass er der Messias sei.

In Markus lesen wir: „Die Menschen, die Jesus voranliefen und ihm folgten, begannen laut zu rufen: ‚Gepriesen sei Gott, Heil dem, der in seinem Auftrag kommt, Heil der Herrschaft unseres Vaters [der Vater aller Kinder Israels] Davids, die jetzt anbricht …'."[147]

Doch diese Rufe: „Ach Herr, hilf doch!" (Hosianna) und „Gelobt sei, der da kommt im Namen des Herrn!"[148] gehörten zu den üblichen Grußritualen, mit denen die Einwohner Jerusalems alle einziehenden Pilger zu den Wallfahrtsfesten begrüßten (nachzulesen bei Pinchas Lapide)[149].

Daraus folgt: Bei seinem Einzug in Jerusalem war Jesus den meisten Menschen, die alle einziehenden Pilger lauthals begrüßten, weitgehend unbekannt. Doch seine Gefolgschaft pries ihn lauthals als „den Propheten" an. In Jerusalem angekommen, begann Jesus im Tempelareal zu predigen, und dank seiner rhetorischen Fähigkeiten gelang es ihm, in dieser für heutige Verhältnisse sehr kleinen Stadt rasch bekannt und populär zu werden. Es ist daher wenig wahrscheinlich, dass die vielen Menschen, die ihn liebten, kurze Zeit später lauthals seinen

Tod forderten. Im von Pilgern überlaufenen und spannungsgeladenen Ambiente Jerusalems sorgten seine Auftritte für Menschenaufläufe und Tumulte. Messianische Erwartungen wurden erweckt, auch wenn Jesus sich in der Öffentlichkeit nicht als Erlöser Israels vorstellte. Dass seine Auftritte den jüdischen Behörden, die Rom gegenüber für die Aufrechterhaltung von Ruhe und Ordnung in der Stadt verantwortlich waren, Sorge bereiteten und die Römer beunruhigten, ist nicht schwer vorstellbar.

Festnahme und Prozess des Rabbi Jesus

Die Festnahme

Wie schon im Kapitel „Historischer Hintergrund" beschrieben, streiten sich die Gelehrten darüber, ob der Hohe Rat zu Lebzeiten von Rabbi Jesus überhaupt noch berechtigt war, Kapitalverbrechen abzuurteilen. Nach Meinung von Chaim Cohn (ehemaliger Richter am Obersten Gerichtshof in Israel) wurde die Kapitalgerichtsbarkeit dem Sanhedrin erst mit der Zerstörung des Zweiten Tempels im Jahre 70 n.d.Z. durch Rom entzogen, ein Argument, dass sinnvoll erscheint, weil sich Rom nicht gerne in innerjüdische religiöse Konflikte einmischte.

Folgt man den Schilderungen der Evangelien, wurde Jesus, nachdem er vom Verräter Judas geküsst wurde, von Bewaffneten Männern festgenommen. Laut Markus[150] und Matthäus[151] waren es Diener des obersten Priesters (also Tempelwächter), nach Lukas[152] bestand die Truppe aus Tempelwächtern, begleitet von führenden Priestern und Ratsältesten. Johannes[153] hingegen berichtet von römischen Soldaten samt ihrem Tribun, in Begleitung einiger Tempelwächter.

Einig sind sich die Evangelisten nur in Bezug auf den Verrat des Judas, der die Bewaffneten begleitete. Doch weswegen der

Verrat von Judas notwendig wurde, außer zur Erfüllung von Prophezeiungen der hebräischen Bibel,[154] bleibt unklar, da Rabbi Jesus – glaubt man dem Bericht der Evangelien – zum Zeitpunkt seiner Festnahme schon ein stadtbekannter Prediger war, dessen Gesicht in Jerusalem jeder kannte. Der „Verrat des Judas" (Judas als Synonym für „die geldgierigen Juden") wäre folgerichtig nur dann notwendig gewesen, wenn überhaupt keine anderen Juden – die ja Jesus bereits kannten – an der Verhaftung beteiligt waren. In diesem Zusammenhang muss auch gefragt werden, weswegen die Behörden Jesus nicht im Tempelbereich, wo er sich täglich zeigte,[155] ganz ohne Beteiligung eines Verräters festnehmen ließen. Außerdem erscheint es wenig wahrscheinlich, dass die Tempelwache ausgerechnet am Vorabend des heiligen Pessachfestes, an dem jede jüdische Familie mit Festvorbereitung beschäftigt war, überhaupt ausrücken konnte.

Ob Juden (Tempelwache, führende Priester, Ratsälteste, Judas) an der Verhaftung des Rabbi Jesus überhaupt beteiligt waren oder ob die Erwähnung der Juden in den Evangelien lediglich die Schuldfrage nachträglich auf den Kopf stellen sollte, bleibt daher völlig offen. Doch selbst wenn es wirklich eine gemeinsame jüdisch-römische Aktion gab, muss festgestellt werden, wer ein Interesse an einer Verhaftung des Rabbi Jesus hatte.

Waren die Auftraggeber der Verhaftung Juden (z. B. der Hohe Rat), dann hätten jüdische Behörden allein und ohne römische Beteiligung – unter der Voraussetzung, dass ein Kapitalverbrechen vorliegt – Jesus jederzeit und überall verhaften können. Einem legalen Prozess wäre nichts im Wege gestanden. Doch wie schon im Kapitel „Verstieß Rabbi Jesus gegen das jüdische Gesetz?" dargestellt, sagte und tat Jesus nichts, was fundamental gegen das jüdische Gesetz gerichtet war.

Es kann daher davon ausgegangen werden, dass der wahre Grund der überstürzten Verhaftung von Rabbi Jesus im politischen Bereich lag und dass die römischen Behörden – aus ihrer Sicht – allen Grund hatten, gegen Jesus vorzugehen. Für sie war

Rabbi Jesus ein potenziell gefährlicher Aufwiegler zur antirömischen Rebellion. Denn Jesus predigte das baldige Kommen des Messias, vom nahen Königreich Gottes und somit vom bevorstehenden Ende der Herrschaft Roms über Israel. In den Augen der römischen Behörden mussten derartige Worte, in einer schon aufgeheizten Vorfeststimmung, die Gewaltbereitschaft von Teilen des Volkes gegen die verhasste Fremdherrschaft Roms steigern. Möglich, dass die Römer Jesus auch mit den aufständischen Zeloten und Sikariern in Verbindung brachten, denn unter seinen Jüngern befanden sich Männer wie Simon, genannt Zelotes,[156] Judas, mit Beinamen Ischariot (eine mögliche Bezeichnung für „Dolchmänner“), Simon Petrus (der bei der Festnahme von Jesus sofort ein Schwert zückte) und andere, wie Jakobus und Johannes, auch „Bnehargem“, also „Donnerskinder“ genannt (nachzulesen bei Johannes Lehmann)[157].

Um dem zuvorzukommen, musste daher aus römischer Sicht der mögliche „Anstifter zum Aufstand“ – Rabbi Jesus – festgenommen und verurteilt werden.

Dass die gesamte Nacht-und-Nebel-Aktion zur Verhaftung des Rabbi Jesus auf ausdrücklichen Befehl des Pontius Pilatus durchgeführt wurde, erscheint jedenfalls sehr wahrscheinlich. Es überrascht daher nicht, dass Pilatus bereit war, den verhafteten Jesus gleich früh am nächsten Morgen zu befragen.

Die häufig vernommene Meinung, dass Pilatus aus lauter Angst vor den Anführern der Juden und den Juden insgesamt, die alle (angeblich) Jesus Böses wollten, den unschuldigen Rabbi Jesus zum Tode verurteilte, ist schlichtweg falsch. Weder Pilatus noch die Römer – die damaligen Herren der Welt – nahmen jemals Rücksicht auf die religiösen Gefühle der von ihnen unterdrückten Juden. Die Hinrichtung am Kreuz von wirklichen oder vermeintlichen Aufständischen war zur damaligen Zeit für die Römer Tagesroutine.

Was in der Nacht, nach der Verhaftung von Rabbi Jesus, geschah, erfahren wir aus den Evangelien in unterschiedlichen Versionen.

Nach Berichten der synoptischen Evangelien wurde Jesus direkt zum Haus des Oberpriesters (sein Name – Kaiphas – wird nur bei Matthäus genannt)[158] überführt.[159] Dort versammelten sich alle führenden Priester, Ratsältesten und Gesetzeslehrer, um Jesus zu verhören. Erst am Morgen des folgenden Tages trafen alle zusammen, um ihn zu verurteilen und danach an Pontius Pilatus zu überstellen.[160]

Laut Johannes brachten sie ihren Gefangenen zu Hannas, dem Schwiegervater von Kaiphas.[161] Dieser verhörte ihn noch in der Nacht, um ihn dann in das Haus seines Schwiegersohnes zu senden. Eine Sitzung und Verurteilung wird hier nicht beschrieben. Am Morgen danach übergaben sie Jesus an Pontius Pilatus.

Auch über die Fragen, die dort an Jesus gerichtet wurden, berichten die Evangelien unterschiedlich. Laut Matthäus antwortete Jesus auf die Frage, ob er der Retter, der Sohn Gottes sei, mit „Du sagst es", Markus berichtet, dass Jesus diese Frage bejahte („Ich bin es"), bei Lukas lesen wir, dass Jesus mit folgendem Satz antwortete: „Sage ich es euch, so glaubt ihr es nicht, frage ich aber, so antwortet ihr nicht und lasst mich doch nicht los."[162] Johannes hingegen berichtet lediglich von einem einzigen Anliegen des Kaiphas, der Jesus ganz allgemein nach seiner Lehre und seinen Jüngern befragte. Hierbei ging es nicht konkret um den Themenkreis „Messias und Sohn Gottes".[163]

Widersprüchlich sind auch die Angaben der Evangelien in Bezug auf das Verhör Jesu durch Pontius Pilatus. Markus[164] und Matthäus[165] sind sich darin einig, dass es vonseiten der Priester viele Beschuldigungen gegen Jesus gab, doch welcher Natur diese waren, wird nicht berichtet. Pilatus stellte nur eine Frage: „Bist du der König der Juden?", worauf Jesus mit „Du sagst es" antwortete. Bei Lukas[166] wird Jesus seitens der Priester als Volksverhetzer und Steuerverweigerer dargestellt, der sich außerdem als der von Gott versprochene König präsentierte. In dieser Überlieferung will Pilatus nur wissen, ob Jesus sich als „der versprochene Retter" sieht. Danach wurde Jesus noch zu Herodes Antipas gebracht, der ihn bloß kennenlernen wollte. Dort wurde er von den Priestern und Gesetzeslehrern mit unklaren Beschuldigungen überhäuft.

Johannes[167] hingegen berichtet lediglich von der Beschuldigung, er sei ein Verbrecher. Auch hier stellte Pilatus nur eine Frage: „Bist du der König der Juden?", und Jesus antwortete mit einem „Jein", versuchte aber zu erklären, dass sein Königtum kein irdisches sei, sondern dass er in die Welt kam, um – wie die unbequemen biblischen Propheten – die Wahrheit zu sagen. Doch der Zyniker Pilatus antwortete nur verächtlich: „Wahrheit, was ist das?"

Ähnlich widersprüchlich sind auch die Angaben der Evangelien zur Frage, wer denn sterben sollte: Barabbas oder Jesus? Laut Markus[168] ging es um einen Mann namens Barabbas, dessen Begnadigung von der Volksmenge gefordert wurde. Bei Matthäus[169] lesen wir von einem berüchtigten Gefangenen und vom Volkswunsch, ihn freizulassen. Lukas[170] erzählt von einem des Mordes Verdächtigten und einer tobenden Menge, doch nicht vom „Volk"; und Johannes[171] schreibt von einem Räuber und vom Tauschangebot des Pilatus an die Menge.

Wer killte Rabbi Jesus?

Der Begriff „jemanden killen" deutet auf eine bewusst durchgeführte, brutale Tötung eines Lebewesens hin. Der Justizmord an Rabbi Jesus war eine solche Aktion, die bis zum heutigen Tag ihre Nachwirkungen zeigt. Denn in bewährter Manier von Wildwestfilmen wurden die „skrupellosen Killer und ihre Nachkommen" über Jahrhunderte von „rechtschaffenen Sheriffs" (meist ein aufgehetzter Mob) zur Rechenschaft gezogen. Sie – hier „die verstockten und bösartigen Juden" – mussten für ihre „verwerfliche Tat und wegen ihrer Verstocktheit" bitter büßen.

Gnade gab es manchmal für reuige Sünder, sie kamen mit dem Leben davon, allerdings meist unter der Voraussetzung, dass sie Buße in Form der Taufe tun mussten. Die Geschichte der Judenverfolgungen passt somit sehr wohl in das Westernklischee von „gut und böse".

Doch wer waren – historisch gesehen – die wahren „Killer" des Rabbi Jesus und was waren ihre Motive? Die Autoren des Neuen Testaments klagen sowohl die „führenden jüdischen Männer Jerusalems" als auch „das jüdische Volk" an, Rabbi Jesus ermordet zu haben. Doch die Evangelisten präsentieren eine höchst widersprüchliche Anklageschrift. Beim Durchlesen dieser Anklageschrift bleibt unklar, wer Jesus verhaftete, weswegen er festgenommen wurde, wer die Auftraggeber seiner Verhaftung waren, wohin der Gefangene zunächst geführt wurde und was der Oberpriester Jesus genau fragte (dafür gab es ja keine Zeugen im Saal). Auch die Rolle des Pontius Pilatus bei der Festnahme und Aburteilung von Jesus bleibt widersprüchlich. Gleiches gilt für die Person des Barabbas und dafür, ob „das Volk" oder lediglich „die Priester" die Freilassung des „Verbrechers" forderten. Doch selbst wenn es ein jüdischer Mob war, der Jesus den Tod wünschte, darf nicht außer Acht gelassen werden, dass in der Burg Antonia – im Vorhof, wo die alles entscheidende Verhandlung stattfand – höchstens einige Tausend Leute Platz fanden, während weltweit damals rund 4 bis 5 Millionen Juden lebten. Dass sich nicht „das ganze jüdische Volk" dort versammeln konnte, sondern nur ein relativ kleiner Personenkreis, erscheint logisch (doch für viele nicht logisch genug!), womit die überlieferten Worte von Matthäus – der als Einziger der Evangelisten das Wort „Volk" benutzt – von der angeblichen „Selbstverfluchung des Volkes" („Die Menge schrie zurück: ‚Ja, wir und unsere Kinder, wir tragen die Folgen'")[172] als klare antijüdische Polemik gesehen werden müssen.

Klar ist ebenfalls, dass nach dem damals geltenden jüdischen Recht der große Rat der 71 Gelehrten (siehe: „Der Sanhedrin und die Rechtsprechung im alten Israel") nicht nach Belieben und ohne Einhaltung der Spielregeln einberufen werden konnte, und diese Regeln waren strikt. Dass sich der gesamte Hohe Rat unter Umgehung sämtlicher oben angeführter Vorschriften – und knapp vor einem hohen Festtag (Pessachfest) – traf, erscheint unmöglich.

Aus all den oben angeführten Gründen ergibt sich daher die berechtigte Frage, ob es überhaupt einen „jüdischen Prozess" gegen Jesus gab (geben konnte), zumal sich alle eingangs angeführten Anklagepunkte gegen Rabbi Jesus bei näherer Betrachtung als Luftblasen erweisen.

Hinter den meisten Verbrechen findet sich ein Motiv, und jeder Detektiv vom Schlage eines Inspektor Columbo oder Kurt Wallander wird versuchen, über das Motiv auf die Spur des Täters zu kommen. Im Mordfall Jesus kennen wir einige Verdächtige. Zunächst einmal „die Pharisäer", dann „die Priester", „der Hohe Rat", „die Juden" und last but not least Pontius Pilatus und „die Römer".

Die uneinheitliche Gruppe der Pharisäer wurde zwar von Jesus immer wieder verbal angegriffen, doch mit einigen von ihnen pflegte er guten Kontakt. Sie galten als relativ fortschrittlich und standen theologisch gesehen Rabbi Jesus recht nahe. Auch sie beteten zu Gott Vater und erwarteten wie Jesus das Königreich Gottes und die Auferstehung der Toten. Weswegen Pharisäer auf die Verhaftung und Aburteilung des Rabbi Jesus – und das noch im Schnellverfahren während eines wichtigen jüdischen Festes – drängen sollten, bleibt unklar. Gleiches gilt für die wenig einflussreichen Schriftgelehrten und Protorabbiner. Bei ihnen ist ebenfalls kein überzeugendes Tatmotiv erkennbar.

Anders als die Pharisäer waren die Sadduzäer, die die mündliche Überlieferung, die Interpretation der Gesetze und die Auferstehung der Toten nicht anerkannten, die natürlichen Gegner des Rabbi Jesus. Sie wurden zwar von Jesus immer wieder an den Pranger gestellt, doch nicht nur von ihm. Auch die großen biblischen Propheten beschimpften öffentlich die Priester und die Pharisäer und standen zeitweise in einem offenen (oft blutigen) Konflikt mit ihnen. Doch ob die Priester wirklich bereit waren, wegen eines relativ unbekannten Wanderpredigers aus Galiläa sämtliche Regeln einer Prozessführung – noch dazu knapp vor einem heiligen Feiertag – zu brechen, erscheint wenig glaubwürdig. Dass aber einzelne Priester möglicherweise geneigt waren, römischen Wünschen oder Befehlen entgegenzukommen, ist durchaus nachvollziehbar, schließlich wurde der Hohenpriester von Rom eingesetzt, er war es auch, der bei Unruhen von den Römern als Erster zur Rechenschaft gezogen werden konnte. Doch auch die Priester konnten nicht sämtliche Regeln der jüdischen Judikatur beliebig umgehen. Hätten einflussreiche Pharisäer oder Sadduzäer gegen Rabbi Jesus aus religiösen Gründen vorgehen wollen, dann wäre eine Verhaftung vor dem Pessachfest im Tempelgelände, mit einem Prozess nach allen Regeln der Kunst vor dem Hohen Rat, sofort nach Beendigung des Pessachfests möglich und auch logisch gewesen. Dass die Priester Jesus „aus Neid“[173] an Pilatus auslieferten, erscheint wenig plausibel. Denn worum sollten die wohlhabenden Priester einen im Land weitgehend unbekannten, machtlosen und armen Wanderprediger so schrecklich beneiden?

Ganz anders sieht die Motivsuche bei Pontius Pilatus aus. Er, der brutale Tyrann, der mehrfach unzählige Menschen ermorden ließ und täglich Todesurteile durch Kreuzigung unterschrieb, handelte nicht aus religiösen Gründen, sondern stets aufgrund politischer Erwägungen. Nur er und seine Behörden hatten ein klares Interesse, den für sie unbequemen und möglicherweise gefährlichen „König der Juden“ kurzerhand zu eliminieren. Zu meinen, dass sich die Römer, die damaligen Herren der Welt, von den verachteten, unterdrückten und machtlosen Juden etwas befehlen ließen, muss als naiv angesehen werden.

Fazit: Weder bei „den Juden“ insgesamt noch bei den Pharisäern oder Priestern als Gruppe lässt sich ein überzeugendes Tatmotiv erkennen. Falls Juden am Rande oder sogar maßgeblich an der Verhaftung, am Justizmord und an der Hinrichtung von Rabbi Jesus beteiligt waren, dann mit Sicherheit nicht der „gesamte Hohe Rat“ und auch nicht „das ganze jüdische Volk“. Mit großer Wahrscheinlichkeit kann angenommen werden, dass Rabbi Jesus aus politischen Gründen von den Römern ausgeforscht, verhaftet, befragt, nach römischem Recht verurteilt, verhöhnt, gequält und grausam gekreuzigt wurde. Dass einzelne maßgebliche Juden (Priester von Roms Gnaden und einige Pharisäer) an der Aktion mitbeteiligt waren, könnte aber den historischen Gegebenheiten entsprechen. Doch „das jüdische Volk“ oder jüdische Einzelgruppierungen als Ganzes zu beschuldigen, die Mörder Jesu zu sein, kann nur als bewusste Geschichtsfälschung bezeichnet werden.

Bemerkenswert ist auch, dass die Verfasser des Neuen Testaments nicht nur Pontius Pilatus von jeder Schuld an der Ermordung von Rabbi Jesus freisprachen, sondern auch mit keinem Wort die Christenverfolgungen durch Rom, die sie ja am eigenen Leib verspürten, erwähnten. Denn schon unter Kaiser Claudius (41–54 n.d.Z.) wurden Christen (wie auch Juden) aus Rom vertrieben, und Kaiser Nero (54–68 n.d.Z.) ließ – wie der Historiker Tacitus berichtet – auf der Suche nach Sündenböcken nach dem großen Brand von Rom Christen quälen und grausam umbringen. Auch unter den Kaisern Domitian (81–96 n.d.Z.) und Trajan (98–117 n.d.Z.) gab es immer wieder Christenverfolgungen im Römischen Reich.

Warum die Verfasser des Neuen Testaments Pilatus und die Römer ganz allgemein von jeder Schuld an der Ermordung von Rabbi Jesus freisprachen und sämtliche Schuld „den Juden“ zuwiesen bzw. sich bemühten, das Jüdische an Jesus herunterzuspielen, liegt auf der Hand. Denn das Neue Testament ist, wie auch die hebräische Bibel, in erster Linie eine theologische und keine historische Schrift. Die Autoren des Neuen Testaments waren keine Antisemiten im heutigen Sinn. Doch ihre antijüdischen Ausfälle (ihr Antijudaismus) und die Art und Weise, wie sie die Ermordung von Rabbi Jesus darstellten, waren eindeutig Wegbereiter des „modernen“ Rassenantisemitismus.

Die Evangelisten bezweckten – was aus ihrer Sicht durchaus legitim war –, ihre theologischen Vorstellungen im Römischen Reich zu verbreiten, Menschen zu bekehren und dabei der Staatsmacht Rom keinen Anlass zu liefern, gegen Christen vorzugehen. Daher erschien es ihnen auch notwendig, sich von den Juden, die sie auch als Konkurrenten empfanden, abzugrenzen. Da die Provinz Judäa in den Augen der Römer, die in Religionsfragen tolerant waren, solange ihre Herrschaft durch die Religion nicht infrage gestellt wurde, als Unruheregion galt (der große antirömische Aufstand von 125 n.d.Z. unter Bar Kochba lag damals noch in der Zukunft), war jede Identifikation oder Sympathiebekundung mit dem Judentum nicht im Interesse der Autoren des Neuen Testaments. Den Juden alle Schuld an den Ereignissen um einen Justizmord an Rabbi Jesus – der viele Jahrzehnte zuvor durch die römische Staatsmacht begangen wurde – in die Schuhe zu schieben und sie als Feinde Roms und der Menschheit darzustellen, war ein Gebot der Stunde.

Auch wenn sich die Evangelisten, die bis auf Lukas wahrscheinlich jüdische Wurzeln hatten, nicht darüber im Klaren waren, was für tragische Folgen ihre plumpen Anschuldigungen gegen „die jüdischen Gottesmörder“ (und der gleichzeitige Freispruch des Pontius Pilatus und der heidnischen Großmacht Rom von jeder Schuld an der Tötung von Rabbi Jesus) für Millionen unschuldiger Juden in Zukunft haben sollten, können sie nicht von jeder Schuld an den grausamen antijüdischen Ausschreitungen, Pogromen und letztlich auch am modernen Antisemitismus freigesprochen werden.

Es erscheint daher absurd, „den Juden“ oder „den Römern“ samt ihren Nachkommen die Schuld an der Ermordung des Rabbi Jesus anzudichten, zumal – aus der theologischen Sicht des Christentums – der Kreuzigungstod des Rabbi Jesus der Erlösung der gesamten Menschheit von ihren Sünden dienen sollte, also ein göttlicher Beschluss war.

Mit Sicherheit waren nicht ganze Völker an diesem Justizmord beteiligt, es waren einzelne Personen, Einzelinteressen und eine Staatsmacht, die damals die Welt beherrschte. Schuldzuweisungen an heute lebende Menschen wegen des politisch motivierten Justizmordes an Jesus sind ungerecht, unnötig und gefährlich.

Antijudaismus und Antisemitismus

Antijüdische Beschimpfungen und Vorwürfe im Neuen Testament

Auch wenn wir im Neuen Testament einzelne Abschnitte finden, die man als judenfreundlich interpretieren kann, überwiegen doch die judenfeindlichen Passagen im Gegensatz zu wenigen positiven Aussagen bei Weitem.[174]

So werfen die Evangelisten und Kirchenväter – in unterschiedlicher Intensität – „den Juden" folgende Vergehen vor:

Auszüge aus dem Matthäusevangelium
Mt 3,7: Pharisäer und Sadduzäer: Schlangenbrut
Mt 12,31: Gotteslästerer
Mt 13,10–15: Verstockung der Juden
Mt 21,41: Gleichnis von den Weinbergbesitzern: Selbstverfluchung der Juden
Mt 21,43: Enterbung der Juden durch die Heidenkirche
Mt 23,1–39: Pharisäer und Schriftgelehrte: Söhne von Prophetenmördern, blinde Narren, Nattern, Schlangenbrut
Mt 27,25: Selbstverfluchung der Juden („Wir und unsere Kinder, wir tragen die Folgen")

Auszüge aus dem Markusevangelium
Mk 3,29: Gotteslästerer
Mk 4,12: Blindheit und Taubheit der Außenstehenden
Mk 12,32–37: Schriftgelehrte: eitle, scheinheilige und geldgierige Gesellen

Auszüge aus dem Lukasevangelium

Lk 3,7: Jüdisches Volk: Schlangenbrut

Lk 11,48–52: Schriftgelehrte und Pharisäer: Prophetenmörder und Feinde der Wahrheit

Lk 13,34: Die Bewohner Jerusalems: Prophetenmörder

Auszüge aus dem Johannesevangelium

Joh 8,44: Kinder des Teufels

Joh 9,34: Christenverfolger

Auszüge aus dem Römerbrief, Philipperbrief, 1 Thessalonikerbrief und Titusbrief

Röm 2,5–6: Starrsinnige Juden, die Gott bestrafen wird

Röm 2,22–29: Diebe und Heuchler

Röm 3,1 ff.: Abtrünnig, ungerecht, gehässig

Röm 10,16–21: Ungehorsames und widerspenstiges Volk

Röm 11,28: Feinde Gottes

Phil 3,2: Beschnittene Feinde der Christen und Hunde

1 Thess 2,15–16: Gottesmörder, Prophetenmörder, Christenverfolger, Feinde aller Menschen und Sünder, die allen Menschen missfallen

Tit 1,10–11: Bekehrte, habgierige Juden mit ihren verwerflichen Lehren; Schwätzer und Verführer, die man zum Schweigen bringen muss

Klar judenfeindlich ist auch die Darstellung des Verräters Judas in den synoptischen Evangelien. Judas („der Jude“) wird als geldgieriger Verräter, der für 30 Silberstücke den Heiland verrät, dargestellt, womit der Mythos vom geldgierigen Juden geschaffen wurde.

Antijudaismus: der Beginn

Aus historischen Quellen wissen wir, dass sich zu Lebzeiten Jesu und auch danach zahlreiche Römer, aber auch Adelsfamilien in den römischen Grenzgebieten, dem Judentum zuwandten (nachzulesen u. a. bei Flavius Josephus: „Altertümer“ 20, 2–5, über den Übertritt von Königin Helena von Adiabene zum Judentum). Es kann daher angenommen werden, dass die ersten Christen das Judentum als Konkurrenzunternehmen sahen und auch fürchteten.

Nach der Zerschlagung des jüdischen Aufstandes in Judäa durch die Römer im Jahre 135 n.d.Z. und der damit verbundenen Verstreuung der Juden in die diversen Mittelmeerländer, in denen es schon seit dem babylonischen Exil große jüdische Gemeinden gab, versuchten die Juden ihre Glaubenstraditionen in der heidnischen – und nicht selten judenfeindlichen – Diaspora zu bewahren. Sie blieben eine Minderheit im Römischen Reich, im Gegensatz zu den Christen, die dank ihrer aktiven Missionstätigkeit dort bald zahlreicher als ihre einstigen Konkurrenten – die Juden – wurden. Um sich im feindlichen Römischen Reich zu behaupten und die oberen Gesellschaftsschichten für sich zu gewinnen, grenzten sich die Christen immer mehr vom traditionellen Judentum ab. Erst als die Kirche sich mit der staatlichen Macht verbündet hatte, wurde aus einem rein innerjüdischen Konflikt eine Auseinandersetzung zweier Religionen, indem sich das Christentum vom Judentum klar distanzierte und Juden und Judentum zum Feindbild erklärte.

Schon im 2. bis 4. Jahrhundert n.d.Z. polemisierten viele Kirchenväter (wie Eusebius von Cäsarea, Johannes Chrysostomos, Gregor von Nyssa und Origines) gegen das Judentum. Sie sprachen von Juden als verachtungswürdige Abtrünnige, als von Gott verfluchte Rebellen, Feinde Gottes, Gottes- und Prophetenmörder, Gesetzesbrecher, Advokaten des Teufels, Schlangenbrut, Heuchler, Menschenfeinde, und von der Synagoge als Ort des Satans – alles Anfeindungen, die wir bereits in den Evangelien finden.

Alle Kirchenkonzile vom 4. bis zum 7. Jahrhundert erließen antijüdische Regeln, auch um Juden zu isolieren und den Kontakt mit ihnen zu verhindern. Schon 305 n.d.Z. erließ das Kirchenkonzil in Elvira (Andalusien) antijüdische Gesetze und im Jahre 388 zerstörte ein vom Bischof aufgehetzter Mob die Synagoge von Callicinum in Kleinasien (der gesetzlich vorgeschriebene Wiederaufbau der zerstörten Synagoge wurde von Ambrosius, Bischof von Mailand, verhindert). 410 n.d.Z. zogen Mönche durch Palästina, brannten Synagogen nieder und ermordeten viele der in Jerusalem verbliebenen Juden. 418 n.d.Z. wurde die Synagoge von Menorca zerstört und die dortigen Juden zur Taufe gezwungen. Theodosius II. setzte 415 n.d.Z. den jüdischen Patriarchen (Gamaliel V.) ab und verbot den Bau von Synagogen. Im Jahre 589 wurden in Toledo Kinder aus christlich-jüdischen Ehen zwangsgetauft, wobei die neuen Christen nie als „wahre Christen“ anerkannt wurden. In Spanien bezeichnete man sie ab 1492 verächtlich als „Marranos“ (Schweine).

In den folgenden Jahrhunderten wurde zwar die kirchliche antijüdische Polemik fortgesetzt, Juden vielerorts diskriminiert (so wurde Juden die Ausübung der meisten Berufe verboten) und manchmal verfolgt, doch erst mit den Kreuzzügen von 1096 und 1097 wurden ganze jüdische Gemeinden von den „Soldaten Gottes“ im Rheinland, in Ostfrankreich, Ungarn und im Heiligen Land vernichtet.

Auch während der folgenden Kreuzzüge kam es zu schweren antijüdischen Ausschreitungen, wobei die Vorwürfe von absurden und frei erfundenen Hostienschändungen und Ritualmorden eine wesentliche Rolle spielten.

Auf dem 4. Laterankonzil unter Papst Innozenz III. verschärfte die Kirche ihre antijüdische Polemik und erwirkte weitere Ämterverbote, eine spezielle (demütigende) Kleidertracht für Juden und die Errichtung von Ghettos. Besonders im 13. Jahrhundert kam es immer wieder zu Schauprozessen gegen Juden, denen man „Blasphemie, Ritualmorde, Hostienschändung“ und vieles mehr vorwarf. Im Jahre 1242 verbrannte ein aufgehetzter Mob in Paris jüdische heilige Bücher (Talmud) und 1338 wurden zahlreiche Juden wegen angeblicher Hostienschändung in Deggendorf ermordet.

Überliefert sind auch die Pogrome von 1221 (Erfurt), 1235 (Fulda), 1285 (München) und 1264 (London). Auch hier ging es um angebliche „Ritualmorde". Massenvertreibungen von Juden (samt Raub ihres Besitzes) gab es 1290 in England, 1306, 1394 und 1492 in Frankreich, und in den Jahren 1348/1349 wurden Juden für den Ausbruch von Pestepidemien in Mitteleuropa verantwortlich gemacht und ermordet.

Auch Martin Luther, der zunächst von den Juden freundlich sprach, wurde ab 1538 – nachdem seine Bekehrungsversuche scheiterten – zum wilden Judenhasser. In seiner Schrift aus 1543, „Von den Juden", unterstellt er den Juden, verstockt, rachsüchtig, blutrünstig, geldgierig und teuflisch zu sein und Christenmenschen zu verführen. Er empfahl sogar seinen Anhängern, deren Synagogen zu verbrennen, den Rabbinern die Lehrtätigkeit zu verbieten, Juden in Ställen unterzubringen, sie zu harter körperlicher Arbeit zu zwingen und alle Juden aus evangelischen Ländern auszuweisen.

Vom (religiösen) Antijudaismus zum (säkularen) Antisemitismus

Religiös bedingte Judenfeindschaft und rassistischer Antisemitismus können nicht gleichgesetzt werden, sind aber – weil historisch eng verflochten – auch nicht zu trennen. Selbst heute wirkt das Gift der religiös motivierten antijüdischen Anschuldigungen der diversen historischen Schriften noch immer nach.

Wenn heute ein Jugendlicher oder eine Jugendliche irgendwo in der weiten Welt – nehmen wir an: im fernen Grönland – sich unkritisch und ohne historische oder religiöse Vorkenntnisse des

Judentums alleine aus den heiligen Schriften über das Leben und Sterben von Jesus von Nazareth informieren möchte, dann wird er oder sie nach Durchsicht der Evangelien und der übrigen Texte des Neuen Testaments zu dem Schluss gelangen, dass Jesus ein Volksfremder (eine Art Alien) im fernen Judäa war und dass er das („überholte") jüdische Gesetz insgesamt ablehnte, eine neue (dem Glauben des Alten Testaments überlegene) Religion gründete und Opfer einer perfiden und geldgierigen Menschengemeinschaft wurde, die man als Juden bezeichnet. Dass so eine Jugendliche bzw. so ein Jugendlicher, empört über das Ausmaß an menschlicher Bosheit, wenig Sympathien oder gar Verständnis für die „Täter" entwickeln würde, liegt auf der Hand. Und sollte unser(e) Inuit – Jahre später, nun als Erwachsene(r) – diverse Passionsspiele in Mitteleuropa besuchen, sich Filme wie unter anderem „Jesus von Nazareth" (Franco Zeffirelli 1977), „Die letzte Versuchung" (Martin Scorsese 1988), „Die Passion Christi" (Mel Gibson 2004) oder das Musical „Jesus Christ Superstar" (Norman Jewison 1973) unkritisch ansehen oder an einer Pilgerfahrt zum Geburtshaus des „Märtyrers" Anderle von Rinn im schönen Tirol teilnehmen (heute ein Minderheitenprogramm), dann würde sich unser Freund/unsere Freundin in allen Vorurteilen nur bestätigt fühlen.

Judenmission

Dem christlichen Missionsgedanken lag stets die Annahme zugrunde, dass die Erbsünde, die es im Judentum nicht gibt, nur durch die Taufe zu tilgen sei. Deshalb könne ein Ungetaufter das Heil nicht erlangen. Diese theologische Vorstellung steht im kompletten Gegensatz zu der Aussage im Talmud, dass jeder Gerechte, selbst ein Heide, seinen Anteil in der kommenden Welt sicher hat.[175]

Über viele Jahrhunderte ließen sich unzählige Juden taufen, sehr oft wurden sie mit Gewalt dazu gezwungen. Die Nachkommen all dieser getauften Juden leben heute auf der ganzen Welt verstreut und den meisten Christen – auch in Mitteleuropa – ist gar nicht bewusst, dass die Wahrscheinlichkeit, selbst jüdische Vorfahren zu haben, äußerst groß ist.

Die Fürbitten beim Vorlesen der Passionsgeschichte im Rahmen der katholischen Karfreitagsliturgie hat in Europa eine lange Tradition. Sie führte auch immer wieder dazu, dass aufgehetzte Menschenmengen am Karfreitag auszogen, um Juden „wegen ihrer bösen Taten" mit Pogromen „zu bestrafen".

Bis zum Jahr 1959 enthielten diese Fürbitten für Juden beleidigende Abschnitte. Man betete für „die treulosen, ungläubigen und verblendeten Juden" und bat Gott, dafür zu sorgen, „dass sie sich endlich zu Jesus bekennen mögen". Diese üblen antijüdischen Sätze wurden 1959 von Papst Johannes XXIII. gestrichen. Im Jahre 1970 wurde der Text, im Rahmen der großen Liturgiereform durch Papst Paul VI., revidiert. Nun hieß es: „Lasst auch beten für die Juden, zu denen Gott, unser Herr, zuerst gesprochen hat: Er bewahre sie in Treue zu seinem Bund und in der Liebe zu seinem Namen ..., erhöre das Gebet deiner Kirche für das Volk, das du als erstes zu deinem Eigentum erwählt hast, gib, dass es zur Fülle der Erlösung gelangt." Doch am 6. Februar 2008 änderte Papst Benedikt XVI. die Fürbitte, allerdings nur im Rahmen des „tridentinischen Ritus" erneut, auch um die Traditionalisten wieder mit der Kirche zu versöhnen. Der erste Satz lautet nun: „Lasst uns auch beten für die Juden: Dass unser Gott und Herr ihre Herzen erleuchte, damit sie Jesus Christus als den Heiland aller Menschen anerkennen ..., Gott, der du willst, dass alle Menschen gerettet werden und zur Erkenntnis der Wahrheit gelangen, gewähre gnädig, dass beim Eintritt der Fülle der Völker in deine Kirche ganz Israel gerettet werden wird." Mit dieser (ungeschickten?) Wortwahl entsteht aber der Eindruck, dass der Papst davon überzeugt ist, dass Israel noch nicht zu dieser Erkenntnis der Wahrheit gelangt sei.

Der altbekannte Bekehrungswunsch der Juden zum Christentum wird somit wieder von Teilen der katholischen Kirche thematisiert. Dass derartige Worte ausgerechnet eines deutschen Papstes bei Juden die Alarmglocken läuten lassen, liegt auf der Hand. Es wäre auch interessant zu beobachten, wie Christen oder Moslems reagieren würden, sollten Juden eines Tages mit ähnlichen Worten und aus ähnlichen Erwägungen den Anspruch stellen, alle Christen und Moslems aktiv zum Judentum zu bekehren, um so ihre Seele zu retten!

All die oben angeführten Stereotypen und Vorurteile gegen Juden als Menschen und das Judentum als Religion, zusammen mit den zahllosen religiös begründeten antijüdischen Maßnahmen, ebneten den Boden für den (rassisch begründeten) Antisemitismus der vergangenen zwei Jahrhunderte, der schließlich in den Holocaust mündete. Nun wurden Juden plötzlich zu einer „abscheulichen Rasse", die man ausrotten dürfe und müsse. Dass viele Christen zur Zeit des Nationalsozialismus nicht bereit waren, verfolgten Juden zu helfen oder gegen die antijüdische Gewalt zu protestieren, und es nicht als verwerflich empfanden, jüdische Nachbarn auszurauben oder Juden zu ermorden, hängt auch mit dem von der Kirche über 1900 Jahre verbreiteten negativen Judenbild zusammen.

Antisemitismus heute

Neben dem eingangs besprochenen religiösen Antijudaismus existieren aber noch diverse andere – und teilweise neue – Formen der Judenablehnung, die alle im Kern auf (vonseiten der Wissenschaft längst widerlegten) rassischen Vorstellungen beruhen. Denn Judentum kann verschieden beschrieben und definiert werden, sicherlich aber nicht als Zugehörigkeit zu einer bestimmten Rasse.

Zu ihnen zählen der soziale Antisemitismus („Jüdische Machenschaften im Handel und im Geldverkehr"), der politische Antisemitismus (Weltherrschaftsfantasien unter Berufung auf die gefälschten „Protokolle der Weisen von Zion") und – seit einigen Jahrzehnten – der antizionistische Antisemitismus (man beschimpft und verleumdet den Staat Israel und die Zionisten und meint in Wirklichkeit „die Juden").

Einzelmerkmale dieser neuartigen Variante des Antisemitismus sind: Ablehnung der Existenz des Staates Israel, Verneinung des Anspruchs von Juden auf nationale Selbstbestimmung inklusive Leugnung der Verbindung des Judentums mit dem Land Israel, Vergleiche von Israel mit „Nazideutschland", die einseitige Verdammung Israels, ohne bei sehr viel massiveren Menschenrechtsverletzungen in anderen Weltgegenden aufzuschreien, Negierung des Holocausts, Bezugnahme auf den „Gott der Rache" im Alten Testament, Projektion der Politik Israels auf das Verhalten aller Juden der Welt und das Gutheißen von Anschlägen gegen unschuldige Personen jüdischer Abstammung. Diese spezielle Form des Antizionismus kann man auch mit den „3 Ds" des Friedensaktivisten Natan Sharansky charakterisieren. Gemeint sind: **D**elegitimierung („kein Existenzrecht für Israel"), **D**ämonisierung des Staates („Israel als Hort des Bösen") und **D**oppelstandard der Kritik (während Israel für wirkliche oder vermeintliche Menschenrechtsverletzungen massiv kritisiert wird, verschweigt man gerne andauernde Kriegsverbrechen und Menschenrechtsvergehen im größten Stil durch Länder wie China, Russland, Saudi-Arabien etc.).

Diese Art des offenen und latenten Antisemitismus ist besonders bei Rechts- und Linksextremisten zu finden, aber auch im Rahmen des weltweit agierenden fundamentalistischen Islam.

Die antijüdische Hetze der heutigen Islamisten beruht einerseits auf mehreren judenfeindlichen Suren im Koran. Dazu zählen: Juden als Prophetenmörder;[176] Juden als die von Allah verfluchten;[177] Juden als Verräter;[178] Juden und Christen, die man nicht zu Freunden nehmen dürfe;[179] Juden als Affen oder Schweine (als Strafe für „Ungehorsam und Unglauben");[180] Juden als die allerschlimmsten Feinde der Gläubigen;[181] Juden als Abtrünnige, die bestraft werden müssen;[182] Juden als Verfluchte, ohne

Verstand;[183] Juden und ihre schlechten Werke[184] usw. Neben diesen einschlägigen Textpassagen tragen andererseits Hass- und Minderwertigkeitsgefühle infolge der vielen verlorenen Kriege zwischen der arabischen Welt und Israel zur antijüdischen Propaganda bei.

Vielen Menschen ist aber nicht bewusst, dass sich im Koran auch durchaus positive und versöhnliche Aussagen über Christentum und Judentum nachweisen lassen. Selbst die „Erwählung der Israeliten durch Gott" wird im Koran bestätigt.[185] Bemerkenswerterweise finden sich sogar einige Suren, die den Anspruch des jüdischen Volkes auf Israel unterstreichen! So spricht zum Beispiel laut Koran Mose zu den Kindern Israels wie folgt: „Oh Volk, betritt das Heilige Land, das Allah euch bestimmte, und kehret nicht den Rücken, auf dass ihr nicht als Verlorene umkehrt."[186] Doch all diese teilweise positiven Darstellungen der Juden im Koran sind den meisten Moslems – aber auch Juden – nicht bekannt. So bleibt für den derzeit kaum vorhandenen interkonfessionellen Dialog zwischen Juden und Moslems noch viel zu tun, auch im Sinne der zeitgemäßen Interpretation der heiligen Schriften!

Ein Schlusswort

Für Juden war über lange Zeiträume die Beschäftigung mit der Person des Rabbi Jesus von Nazareth fast ein Tabu. Das hatte verschiedene Gründe: Erstens die Tatsache, dass Jesus theologisch im Judentum keine Rolle spielt (er wird im Judentum weder als Prophet noch als leiblicher Sohn Gottes noch als Messias gesehen), und zweitens, dass die Theologie des Paulus (Aufhebung des jüdischen Gesetzes für die Heidenchristen, Missionierung der Heiden, die Vorstellung von einem dreifaltigen Gott und der Glaube, dass ein Messias auch siegreich sein kann, selbst wenn er auf Erden nicht die erhoffte Erlösung vom Joch der Besatzer brachte) – fälschlicherweise – als die wortwörtliche Lehre des Rabbi Jesus angesehen wurde. Doch auch die kollektive Erinnerung an all die Diskriminierungen, Verfolgungen und Zwangsmissionierungen, die rund 1900 Jahre lang in ganz Europa in seinem Namen stattfanden, spielen in diesem Zusammenhang eine große Rolle.

So kam es, dass über Jahrhunderte hinweg Jesus von Nazareth, seine gesamte Familie und die zwölf Jünger von Christen nicht als Juden wahrgenommen wurden und Juden – falls sie sich über seine Person überhaupt irgendwelche Gedanken machten – in Jesus entweder einen gescheiterten oder einen vom Glauben abgefallenen Juden sahen.

Das änderte sich erst langsam im 20. Jahrhundert, als bekannte jüdische Wissenschaftler und Theologen – wie unter anderem David Flusser, Josef Klausner, Schalom Ben-Chorin, Leo Baeck, Martin Buber und Pinchas Lapide – Jesus als bedeutenden Juden und Bruder wiederentdeckten. Von Schalom Ben-Chorin stammt auch der berühmte Satz: „Der Glaube des Jesus von Nazareth, der eint uns [Christen und Juden], der Glaube an ihn, der trennt uns.“[187]

Für uns Heutige ist die offene Diskussion, der interkonfessionelle Dialog viel einfacher als für vergangene Generationen geworden. Das hängt damit zusammen, dass moderne christliche Theologen das Judentum heute ganz anders sehen als ihre Vorgänger und sich viele Christen, sowohl unter dem Eindruck des Holocausts als auch auf der Suche nach ihren eigenen religiösen Wurzeln, ernsthaft mit dem Judentum beschäftigen.

Erst durch diesen Prozess der Umdenkens in der katholischen und der evangelischen Kirche und die mutigen ersten Schritte der Päpste Johannes XXIII. und Paul VI. (siehe: zweites Vatikanisches Konzil, Nostra-Aetate-Erklärung Nr. 4) wurde ein erfolgreicher Dialog zwischen Christentum und Judentum möglich, ein Dialog in Respekt und in gleicher Augenhöhe, ohne den Hintergedanken der aktiven gegenseitigen Mission.

Hoffen wir, dass dieser so wichtige interkonfessionelle christlich-jüdische Dialog in naher Zukunft ausgebaut werden kann und somit zum besseren gegenseitigen Respekt und Verständnis der beiden Geschwisterreligionen, zum Abbau von Vorurteilen und zur Einsicht führen wird, dass uns alle sehr viel mehr miteinander verbindet als trennt. Es bleibt auch zu hoffen, dass uns der längst nicht ausgestorbene (und für die ganze Welt gefährliche) Fundamentalismus in Zukunft nicht wieder auseinanderdividieren wird.

Anhang

Hauptereignisse der jüdischen Geschichte

Vor der Zeitrechnung

1800–1700	Wahrscheinlich die Zeit, in der Abraham lebte
um 1500	Knechtschaft in Ägypten
um 1290–1224	Auszug aus Ägypten (Ramses II.); Einzug in Kanaan
um 1029–1007	König Saul
um 1007	David wird König und erobert einige Jahre danach Jerusalem.
um 965	König Salomon erbaut den Ersten Tempel.
um 928	Teilung des Reiches (Rehabeam: König in Juda; Jerobeam: König des Nordreiches)
um 722	Assyrisches Exil (Zeit des Propheten Jesaja)
um 734–733	Deportation der Bevölkerung durch die Assyrer
um 621	Religiöse Reformen durch Josia
597	Erste Eroberung Jerusalems durch Babylon
586	Zweite Eroberung Jerusalems durch Babylon; Zerstörung des Tempels; Exil
6. Jh.	Kanonisierung der Thora (Pentateuch) im babylonischen Exil
538	Kyros-Edikt; Beginn der Rückkehr nach Zion
516	Einweihung des Zweiten Tempels
458–428	Reformen durch Esra und Nechamia
4. Jh.	Kanonisierung des zweiten Teils der hebräischen Bibel (Propheten)
332	Alexander der Große erobert Palästina.
um 250	Septuaginta (Alexandrien: erste griechische Bibelübersetzung)

175–164	Antiochus IV. Epiphanes
167	Aufstand der Makkabäer
164	Wiedereinweihung des Tempels
160	Judas Makkabäus fällt.
140	Beginn der Hasmonäer-Dynastie
125	Hyrkan erobert Edom; Zwangsbekehrung der Idumäer zum Judentum
1. Jh.	Schulen des Hillel und Schammai
63	Pompeius erobert Palästina.
37	Herodes („der Große“) wird König.

Nach der Zeitrechnung

19	Tiberius verbietet den Juden die Missionstätigkeit.
26–36	Statthalter Pontius Pilatus
um 30	Jesus wird durch die Römer am Kreuz hingerichtet.
66–70	Jüdischer Krieg; Zerstörung des Zweiten Tempels durch Titus
73	Fall von Massada
70–85	Jawne als rabbinisches Zentrum (Jochanan ben Zakkai)
132–135	Bar-Kochba-Aufstand, der in einer militärischen Katastrophe endet
50–135	Rabbi Akiba ben Joseph (wegen Unterstützung des Bar-Kochba-Aufstandes von den Römern hingerichtet)
2. Jh.	Kanonisierung des dritten Teils der hebräischen Bibel (Schriften)
um 200	Abschluss der Mischna-Redaktion (Jehuda ha-Nassi)
321	Erste Juden in Köln
395	Beginn der byzantinischen Herrschaft in Palästina

425	Abschluss des Jerusalemer Talmuds (in Tiberias)
6./7. Jh.	Abschluss des Babylonischen Talmuds
612–624	Erfolgloser Versuch Mohameds, die Juden von Medina zu islamisieren
638	Moslems (Omar) erobern Jerusalem.
711	Moslems erobern Teile Spaniens.
um 740	Der Turkstamm der Chasaren tritt zum Judentum über.
um 760	Anan ben David, Begründer des Karäertums
882–942	Saadja Gaon, Anführer im Kampf gegen die Karäer
970	Fatimiden erobern Palästina.
um 1000	Verordnungen des Rabbiner Gerschom
800–1146	Blütezeit des nordafrikanischen und spanischen Judentums
um 1040–1105	Rabbiner Salomo ben Isaak (Raschi), französischer Bibel- und Talmudkommentator
1066	Juden siedeln in England an.
1073	Seldschuken erobern Palästina.
1085–1175	Rabbiner Samuel ben Meir (Raschbam), französisicher Bibel- und Talmudkommentator
1089–1140	Rabbi Abraham ben Ibn Esra, berühmter Bibelkommentator und Philosoph
1095	Erster Kreuzzug; Massaker an den palästinensischen Juden; Zerstörung der jüdischen Gemeinden im Rheinland
1095–1190	Zeit der drei Kreuzzüge
1135–1204	Maimonides (Cordova/Kairo), bedeutendster jüdischer Gelehrter im Mittelalter
1140	Zwangsbekehrung der Juden im Maghreb durch die Almohaden
1171	Erster Ritualmord-Vorwurf (Frankreich)
1146–1300	Goldenes Zeitalter der spanischen Juden unter den Christen
1195–1270	Rabbiner Moses ben Nachmann

1215	4. Laterankonzil: Verschärfung der antijüdischen Gesetze (Juden müssen spezielle Kennzeichen tragen)
1230–1233	Innerjüdische Kontroverse über die Werke des Maimonides
1236	Streitgespräche zwischen Nachmanides und Pablo Christiani in Barcelona
1242	Talmudverbrennung in Paris
1244	Besondere Privilegien an Juden durch Kaiser Friedrich II.
1280	Sohar: das wichtigste Buch der Kabbala (Moses de Leon)
1284	Antijüdische Unruhen in Bagdad
1290	Vertreibung der Juden aus England
1306	Erste Vertreibung der Juden aus Frankreich
1348/1349	Pestpogrome in ganz Europa; ein Drittel der europäischen Juden stirbt an Pest und Verfolgung.
1394	Zweite Vertreibung der Juden aus Frankreich
1492	Vertreibung der Juden aus Spanien
1493	Vertreibung der Juden aus Sizilien
1497	Vertreibung der Juden aus Portugal
15./16. Jh.	Vertreibungswelle der Juden aus Deutschland (Flucht in Ostländer)
1516	Erstes Ghetto (Venedig)
1517	Ottomanen erobern Palästina.
1525–1572	Rabbi Moses Isserles, Verfasser der aschkenasischen Variante zu Karos „Schulchan Aruch" (Gesetzeskodex)
1542	Martin Luther empfiehlt in seinem Buch „Von den Juden und ihren Lügen" die Verbrennung jüdischer Schulen und Synagogen.
1553	Talmudverbrennung in Rom und Venedig
1555	Papst Clemens VIII. bestätigt alle repressiven Gesetze gegen Juden (auch das Tragen eines gelben Judenhutes).

1556	Wiederniederlassung der Juden in England
1565	Josef Karo veröffentlicht den „Schulchan Aruch“ in Venedig.
1570–1572	Rabbiner Luria Führer der Kabbalisten in Safed
1590	Marranen in Amsterdam
1626–1676	Schabbetai Zwi, der falsche Messias
1648/1649	Chmielnicki-Pogrome (Russland, Ukraine u. a.) führen zum Tod von bis zu 300.000 Juden.
1656	Bann über den holländischen Philosophen Baruch Spinoza
1658	Erste Juden erreichen Neu Amsterdam (New York).
1666	Auftreten des Chassidismus in Osteuropa
1729	Erste Synagoge in New York
1729–1786	Moses Mendelssohn, mit Lessing befreundeter Philosoph, Bibelübersetzer und Vertreter der Aufklärung
1742	Vertreibung der Juden aus Teilen von Klein-Russland
1744/1745	Judenvertreibung aus Prag (Kaiserin Maria Theresia)
1757	Talmudverbrennung in Städten Polens und Russlands
1760	Rabbiner Israel ben Elieser (Baal Schem Tov), Gründer des Chassidismus, stirbt.
1772, 1781	Exkommunikation der Chassidim durch ihre Gegner (den Mitnagdim) in Wilna
1777	Einwanderung von einigen Hundert Chassidim in Palästina
1780–1783	Bibelübersetzung ins Deutsche durch Moses Mendelssohn
1781	Toleranzpaket durch Kaiser Josef II.
1787	Die Verfassung der USA stellt die Juden den anderen Bürgern gleich.

1789	Französische Revolution; Beginn der Emanzipation der Juden
1791	Bürgerliche Gleichstellung der Juden in Frankreich
1794	Saul Aschers Werk „Leviatan“ (über das Recht, das Brauchtum zu ändern)
1794–1886	Leopold Zunz, einer der Gründer der Bewegung für die wissenschaftliche Erforschung des Judentums
1796	Bürgerliche Gleichstellung der Juden in den Niederlanden
1796–1801	Polemiken zwischen den Chassidim und ihren Gegnern (den Mitnagdim)
1801	Erste Moderne jüdische Schule in Seesen (Israel Jacobson)
1801–1875	Zacharias Frankel, Begründer des konservativen Judentums
1808–1888	Samson Raphael Hirsch, Begründer der Neoorthodoxie
1810–1818	Reform-Gottesdienste in Seesen, Berlin und Hamburg führen zum Konflikt mit Orthodoxie in Hamburg.
1810–1874	Abraham Geiger, führender Vertreter des Reformjudentums
1818	Reformtempel in Hamburg (Eduard Kley)
1819	Hepp-Hepp-Krawalle (von Würzburg ausgehend); Verein für Kultur und Wissenschaft des Judentums in Berlin (Leopold Zunz)
1820	Masseneinwanderung mitteleuropäischer Juden in die USA
1824	Erste Reformsynagoge in den USA (Charleston)
1837	Wahlrecht für Juden in Dänemark
1840	Damaskus-Affäre (Ritualmordbeschuldigungen); Rabbiner Jehudai Alkalai (Bosnien) wirbt für jüdische Kolonialisierung in Palästina.

1844–1846	Reformrabbiner-Konferenzen in Braunschweig, Frankfurt und Breslau
1848	Verkündigung der Emanzipation der Juden (Frankfurt)
1848–1916	Franz Josef I.: Gleichstellung der Juden in Österreich
1854	Gründung des Jüdisch-Theologischen Seminars in Breslau (Frankel)
1856	Bürgerrechte für Juden im osmanischen Reich
1857	Erste Jüdische Siedlung außerhalb der Stadtmauern von Jerusalem (Montefiore)
1865	Wahlrecht für Juden in Schweden
1870	Erste jüdische Landwirtschaftsschule in Palästina: Mikwe Israel
1872	Hochschule für die Wissenschaft des Judentums (Berlin)
1873	Gründung: Hebrew Union College; Union of American Hebrew Congregation Central Conference of American Rabbis; orthodoxes Rabbinerseminar in Berlin
1878	Erste landwirtschaftliche Siedlung in Palästina (Petach Tikwa)
1881/1882	Pogrome in Russland; Massenauswanderung der Juden; erste Alijah (Einwanderung von 30.000 Juden nach Palästina)
1882	Leo Pinsker veröffentlicht sein Werk „Autoemanzipation".
1885	Reformjüdische „Plattform of Pittsburgh"
1887	Gründung des Jewish theological Seminary of America
1891	Lueger gründet antisemitische christlich-soziale Partei; Gründung von Chedera
1893	Nathan Birnbaum prägt den Begriff „Zionismus".

1894–1906	Dreyfus-Affäre; antisemitische Ausschreitungen in Frankreich
1896	Theodor Herzel: „Judenstaat“
1897	Erster Zionistenkongress in Basel; antijüdische Unruhen in Algerien; Ende des 19. Jh. stellen Juden die Mehrheit der Bevölkerung in Jerusalem.
1901	Gründung des jüdischen Nationalfonds
1903	Veröffentlichung der „Protokolle von Zion“: antisemitische Fälschung der zaristischen Geheimpolizei; Welle von Pogromen in Russland, der Ukraine u. a.
1904	Theodor Herzel stirbt; Beginn der zweiten Alijah (40.000 Einwanderer)
1909	Gründung von Tel Aviv
1910	Gründung von Kibbuz Degania
1912	Antijüdische Unruhen in Marokko
1914–1918	Erster Weltkrieg
1917	General Allenby erobert Palästina; Balfour-Deklaration
1919–1923	Dritte Alijah
1920/1921	Araber-Unruhen in Palästina; Trumpeldor fällt in Tel Chai.
1922	Hebräisch als dritte offizielle Sprache Palästinas
1924–1928	Vierte Alijah
1925	Gründung der hebräischen Universität
1926	Gründung der Jewish Agency
1929	Massaker an jüdischen Bewohnern von Hebron und Safed
1933	Hitler wird Reichskanzler; Boykott jüdischer Geschäfte, Ärzte und Anwälte
1933–1939	Fünfte Alijah
1935	Nürnberger Rassengesetze
1936–1939	Antibritische und antijüdische Araberaufstände in Palästina

1937	Peel-Kommission in Palästina; reformjüdische Columbus-Plattform; Zionismus im Rahmen der „Guiding priciples of Reform Judaism“; Identifikation mit dem Zionismus
1938	Österreichs Anschluss an Deutschland; Reichskristallnacht
1939	Britisches Weißbuch erschwert jüdische Einwanderung nach Palästina; Beginn des Zweiten Weltkrieges (1. 9.) mit dem Überfall auf Polen
1942	Wannsee-Konferenz (Beschluss der „Endlösung“)
1943	Aufstand im Warschauer Ghetto
1944	Jüdische Brigade kämpft in Italien.
1945	Befreiung von Auschwitz durch die Rote Armee (27. 1.); Kapitulation Deutschlands (8. 5.); Amerikaner befreien Mauthausen; 6 Millionen Juden durch die Nazis ermordet
1946	Pogrom in Kielce (Polen); 100.000 Juden verlassen Polen
29. 11. 1947	UNO-Vollversammlung stimmt (mit 33 Ja-gegen 13 Nein-Stimmen und 10 Enthaltungen) dem Teilungsplan Palästinas zu; Annahme des Planes durch Israel; Araber lehnen ihn ab; Ausbruch der Kämpfe um Palästina
1948	Proklamation des Staates Israel durch David Ben Gurion. (14. 5.); Kriegserklärung von sieben arabischen Ländern an Israel; Massaker von Deir Jassin durch jüdische Extremisten
1949	Ende des Unabhängigkeitskrieges mit Gebietsgewinn durch Israel und Teilung von Jerusalem; 6000 Israelis gefallen; rund 650.000 palästinensische Flüchtlinge (manche von ihnen gewaltsam vertrieben); Waffenstillstand

	mit Ägypten, Libanon, Jordanien und Syrien; Israel wird UNO-Mitglied (11. 5.).
1948–1950	Einwanderungswelle arabischer Juden; Aktion „fliegender Teppich“ (Evakuierung der jemenitischen Juden); insgesamt wurden rund 900.000 Juden aus ihren arabischen Heimatländern vertrieben, 650.000 von ihnen fanden eine neue Heimat in Israel.
1948–1956	Rabbiner Leo Baeck als Präsident der Weltunion für progressives Judentum
1950	Jerusalem wird zur Hauptstadt des Landes erklärt (23. 1.).
1950	Beschluss des Rückkehrergesetzes, das jedem Juden gestattet, in Israel zu leben (5. 7.)
1952	Hinrichtung jüdischer Intellektueller in Moskau nach Schauprozess
1956	Suezkrise (ägyptische Blockade des israelischen Handelsverkehr) und Sinaifeldzug
1965	Aufnahme diplomatischer Beziehungen zur BRD
1967	Sechs-Tage-Krieg (5.–10. 6.): Eroberung der Altstadt von Jerusalem, des Westjordanlands und von Golan; UNO-Resolution 242
1970	Vertreibung der PLO aus Jordanien; Nasser stirbt.
1972	Terroranschläge in Lod und in München während der Olympischen Spiele
1973	Jom-Kippur-Krieg (6.–26. 10.); Israel am Rande einer militärischen Niederlage
1974	Entflechtungsabkommen mit Ägypten und Syrien; Arafat spricht vor der UNO.
1977	Sadat besucht Jerusalem (19. 11.).
1978	Invasion im Südlibanon; Camp-David-Abkommen (Begin/Sadat/Carter); Gründung der Schalom-Achschaw-Bewegung

1979	Friedensabkommen mit Ägypten (26. 3.)
1980	Jerusalem wird zur ungeteilten Hauptstadt Israels erklärt.
1981	Sadats Ermordung durch Islamisten; Mubarak dessen Nachfolger
1982	Sinai-Rückzug der israelischen Armee; Libanonkrieg und Vertreibung der PLO als Reaktion auf Beschießung israelischer Ortschaften vom Libanon aus; Massaker in Sabra und Shatila durch christliche Milizen (Scharon als Mitverantwortlicher in Israel bezichtigt)
1984	Einwanderung äthiopischer Juden
1987	Beginn der Intifada
1991	Operation Salomo: Luftbrücke für äthiopische Juden; Golfkrise; Raketen auf Israel; Niederlage der Iraker
1992	Friedensverhandlungen zwischen Israel und den arabischen Nachbarn
1993	Abkommen Israel/PLO in Washington (13. 9.)
1994	Baruch Goldstein erschießt 29 betende Menschen in Hebron; Gaza-Jericho-Abkommen (4. 5.); Friedensabkommen mit Jordanien (26. 10.)
1995	Ministerpräsident Rabin wird von einem rechtsextremen Fanatiker ermordet (4. 11.); Terroranschläge durch Hamas-Selbstmörder in Jerusalem und Tel Aviv; Kämpfe im Libanon nach Beschuss von Kirjat Schmone mit Raketen; zahlreiche zivile Opfer
1996	Wahlen in Israel: Netanjahu Premierminister
1999	Ehud Barak wird Ministerpräsident; Gründung des Abraham Geiger Kolleg in Berlin
2000	Camp-David-II-Gipfel ohne Erfolg; Beginn der blutigen Zweiten Intifada

2001	Ariel Scharon wird Ministerpräsident in Israel.
2003	Roadmap zum Frieden (bisher erfolgloser Friedensplan der USA)
2006	Zweiter (wenig erfolgreicher) Libanonkrieg nach Entführung israelischer Soldaten durch die Hisbollah

Glossar

Amida: „Achtzehn-Gebet". Das Gebet ist der Mittelpunkt eines jeden Gottesdienstes und wird im Stehen gebetet. Es besteht aus Lobpreisungen Gottes, Bitten und Danksagungen.
Antijudaismus: Religiös motivierte Ablehnung des Judentums (und der Juden)
Antisemitismus: Dieser Begriff wurde durch Wilhelm Marr (1819–1904) geprägt. Anders als der Antijudaismus, der religiös motiviert ist, ist der Antisemitismus biologisch begründet. Juden werden als „minderwertige Rasse" dargestellt. Auch wenn heute bekannt ist, dass Judentum mit „Rasse" nichts zu tun hat, wird dieses an sich unsinnige Wort immer noch (auch von Juden) verwendet.
Bar Mizwa / Bat Mizwa: „Sohn oder Tochter des Gebots". Feier zum 13. Geburtstag eines Knaben bzw. zum 12. Geburtstag eines Mädchens. Mit Erreichen dieses Alters werden Kinder gebotspflichtig im Sinne von religiöser Volljährigkeit und zu gleichberechtigten Mitgliedern der Gemeinde.
Beschneidung (Brit Mila): Die Entfernung der Vorhaut am achten Tag nach der Geburt in Erfüllung von biblischen Geboten (Gen 17,9–14; Lev 12,3). Durch sie wird die Partnerschaft zwischen Gott und Abraham (und dessen Nachkommen) besiegelt.
Essener: Mitglieder dieser jüdischen Sekte lebten asketisch in brüderlicher Gütergemeinschaft. Verfasser der Schriftrollen von Qumran am Toten Meer
Evangelien: „Die gute Nachricht / frohe Botschaft". Vier Bücher des Neuen Testaments, sie entstanden zwischen 70 und 120 n.d.Z. und wurden in griechischer Sprache verfasst. Die ersten drei Evangelien (nach Matthäus, Markus und Lukas) werden auch als synoptische Evangelien bezeichnet. Der Schwerpunkt ihrer Berichterstattung richtet sich, im Gegensatz zum vierten Evangelium nach Johannes, auf das Wirken von Jesus. Die Verfasser der Evangelien – sie alle waren keine Zeitzeugen – sind namentlich

nicht bekannt, die einzelnen Bücher erhielten im Laufe des 2. Jahrhunderts n.d.Z. ihren Namen von den Kirchenvätern.

Gemara: siehe Talmud

Get: Scheidungsbrief, den nur der Mann übergeben kann (im Reformjudentum obsolet)

Halacha: Gesetzlicher Teil der mündlich überlieferten Thora; Grundlage des gesamten jüdisch-orthodoxen Gesetzeskodex; auch „der Weg, auf dem der einzelne zu gehen hat“

Holocaust: wörtlich „Brandopfer“; die Katastrophe der Ermordung von 6 Millionen Juden durch die Nationalsozialisten

Höre Israel: siehe Schema

JHWH: Eigenname Gottes in der hebräischen Bibel. Er wird stets als Tetragramm aus den hebräischen Konsonanten Jod, He, Waw und He dargestellt.

Kaddisch: Lobpreisung Gottes; altes aramäisch gesprochenes Gebet am Ende des täglichen und des Festtagsgottesdienstes. Ein Gebet, das auch von Trauernden gesprochen wird (obwohl „Tod und Trauer“ darin nicht vorkommen).

Karäer: Jüdische Sekte, die zwischen 8. und 10. Jahrhundert weit verbreitet war, nur die schriftliche Thora anerkannte und den Talmud ablehnte

Kascher/Koscher: Nach den Kaschrutgesetzen einwandfreie Speise, die zum Genuss erlaubt ist. Verbotene Speisen sind u. a. Schwein, Meeresfrüchte, Blut in jeder Form.

Kohen: Ursprünglich Priester im Tempel zu Jerusalem. Seit Zerstörung des Zweiten Tempels (und nur aufgrund des Namens) gilt ein Kohen als „Abkömmling“ des Priesters Aaron. Im Reformjudentum bedeutungslos.

Konservatives Judentum: Nichtorthodoxe Strömung im Judentum; im Allgemeinen traditionsbewusster als das Reformjudentum

Makkabäer: Die fünf Söhne des Priesters Mattathias aus Modiin (nahe Jerusalem). Sie besiegten die Seleukiden und etablierten 165 v.d.Z. einen unabhängigen jüdischen Staat.

Menschensohn: Ein Himmelswesen aus den Wolken, das wie

ein Mensch aussieht (Dan 7,13); ursprünglich ein Hoheitstitel (wie König oder Messias), zu Lebzeiten Jesu eher eine apokalyptische Richtergestalt

Messianismus: Der Glaube und die Erwartung an das Kommen des Erlösers (das Reformjudentum glaubt nicht an das Kommen einer Person, betet hingegen für ein „messianisches Zeitalter" für die gesamte Menschheit)

Messias: Der von (orthodoxen) Juden herbeigesehnte theopolitische Erlöser aus dem Hause David, der am Ende der Zeiten erscheinen wird, um Gottes Herrschaft auf Erden herzustellen; dem Wortlaut nach der „Gesalbte König". Im Verständnis der Christen ist der Erlöser in der Gestalt von Jesus Christus bereits erschienen. Durch seinen (freiwilligen) Tod und seine Auferstehung erwirkte er die Versöhnung Gottes mit der gesamten Welt.

Mischna: siehe Talmud

Mizwa (Pl.: Mizwot): Eines der 613 Gottesgebote (Gebotserfüllung, Verhaltensmaßregel, auch im Sinne einer guten Tat)

Orthodoxie: Stренggläubige jüdische Richtung; Verbindlichkeit der schriftlichen und mündlichen Thora. Glaubt, dass die gesamte Thora am Berg Sinai Mose übergeben wurde. Innerhalb der Orthodoxie bestehen unterschiedliche Gruppierungen, von moderat orthodox bis hin zur Ultraorthodoxie. Sie sieht sich weltweit als alleinige Vertreterin des Judentums und wird vom Staat Israel auch als solche anerkannt.

Pentateuch: Die fünf Bücher Moses (Genesis/Exodus/Leviticus/Numeri/Deuteronomium); auch als Thora, hebräische Bibel und Altes Testament bezeichnet

Pessach: Fest der Befreiung der Israeliten aus Ägypten (auch altes Frühjahrsfest). Möglicherweise feierte auch Jesus im Kreise seiner Jünger dieses Fest (Seder).

Pharisäer: Partei der „Abgesonderten" (Peruschim) und Gegner der Sadduzäer; im Neuen Testament (zu Unrecht) als „Heuchler" abgestempelt

Propheten: Verkünder des Wortes Gottes, Mahner für soziale

Gerechtigkeit und Umkehr. Sie verstanden sich aber nie als Hellseher und predigten nicht aus eigener Vollmacht.

Prosbul: Gesetzliche Formulierung des Rabbi Hillel, um den biblischen Schuldenerlass im 7. Jahr zu umgehen

Protorabbiner: Vorläufer des rabbinischen Judentums (wie etwas Rabbi Hillel der Ältere)

Rabbiner: Lehrer(in), Seelsorger(in), Prediger(in), Leiter(in) des Gottesdienstes (Rabbinerinnen gibt es allerdings nur im konservativen und liberalen Judentum)

Reformjudentum: Anfang des 19. Jahrhunderts in Deutschland entstandene Richtung, die das traditionelle Judentum modernisieren wollte. Heute werden die Adjektive „reform", „liberal" und „progressiv" synonym verwendet. Zum nichtorthodox-religiösen Judentum zählt auch das „Konservative Judentum". In den USA gehören rund 80 Prozent aller jüdischen Gemeinden dem nichtorthodox-religiösen Judentum an. Im Gegensatz zur Orthodoxie sieht das nichtorthodoxe Judentum die Thora (fünf Bücher Moses) als Menschenwerk an (wohl mit göttlichem Ursprung, doch im Verständnis der damaligen Zeit niedergeschriebenen), das auf mehrere Autoren (nicht nur auf Mose) zurückgeht. Die Vorstellung einer progressiven (fortwährenden) Offenbarung Gottes an inspirierte Menschen erlaubt auch die theologisch begründete Neuinterpretation von Gesetzen (nach den sozialen und gesellschaftlichen Entwicklungen und Notwendigkeiten jeder Generation), wobei der Ethik ein höherer Stellenwert zukommt als dem Gesetz. Im Reformjudentum (aber auch im konservativen Judentum) sind Frauen den Männern in allen Belangen gleichgestellt. In Israel wird das nichtorthodox-religiöse Judentum, auf Betreiben der Orthodoxie, vom Staat nicht anerkannt und benachteiligt.

Sadduzäer: Partei der Priester und Gegner der Pharisäer. Sie glaubten weder an die mündliche Überlieferung noch an die Auferstehung der Toten.

Sanhedrin: Der große Sanhedrin, der jüdische Hohe Rat, bestand aus 71 Mitgliedern und war oberste politische, religiöse und juristische Körperschaft im alten Israel. Aufgelöst wurde er erst im Jahre 425 n.d.Z.

Schabbat: Der siebente Wochentag; Ruhetag für Mensch und Tier; heiligster Festtag im Judentum

Schema: Eines der Hauptgebete im Judentum. Das „Höre Israel"-Gebet ist Treueerklärung an Gott und betont zugleich dessen Einzigartigkeit (Unteilbarkeit). Es beinhaltet aber auch das Auf-sich-Nehmen der Mizwot und die Erinnerung an den Auszug aus Ägypten. Auch für Rabbi Jesus war dieses Gebet besonders wichtig (siehe Mk 12,28 ff.).

Schoa: Wörtlich „Katastrophe"; hebräischer Begriff für den Holocaust

Seder: „Ordnung"; häusliche oder in der Gemeinde gefeierte Zeremonie mit traditionellen Sedermahl zum Pessachfest

Sederfest: Feier zur Erinnerung an den Auszug aus Ägypten

Sikarier: Die „Dolchträger" (siehe Zeloten); antirömische Widerstandsgruppierung

Synagoge: Die Synagoge ist mehr als nur ein Haus des Gebets. Sie ist gleichzeitig ein Ort des Lernens (Schule) und ein Versammlungshaus, auch für gesellige Zusammenkünfte.

Synoptische Evangelien: Mit den drei synoptischen Evangelien sind die Evangelien nach Matthäus, Markus und Lukas gemeint.

Talmud: Wörtlich „Studium", „Lehre"; ca. im 5. Jahrhundert n.d.Z. beendete, aus Gemara und Mischna bestehende „Enzyklopädie des Lehrgutes"; Hauptwerk des rabbinischen Judentums

Teschuwa: „Geistige Umkehr", „Buße". Die Teschuwa des Menschen gilt auch als Beitrag jedes Einzelnen zur Einleitung der messianischen Zeit.

Thora (Tora): Der wichtigste Hauptteil des Tenach (der hebräischen Bibel). Sie besteht aus fünf Büchern: Bereschit (Genesis), Schemot (Exodus), Wajikra (Leviticus), Bamidbar (Numeri) und Dewarim (Deuteronomium). Die hebräische Benennung erfolgt nach den ersten Worten eines jeden Buches. Die hebräische Bibel wird von Christen als „Altes Testament“ oder „Erste Bibel“ bezeichnet.

Zeloten: „Eiferer“. Partei der religiösen und gewaltbereiten Eiferer zur Zeit der römischen Besatzung. Zu ihnen gehörte auch der Apostel Simon der Zelote.

Danksagung

Es ist mir ein großes Bedürfnis, mich bei Dr. Markus Himmelbauer (Geschäftsführer der österreichischen Gesellschaft für christlich-jüdische Zusammenarbeit) für die Durchsicht und Korrektur des Manuskripts herzlich zu bedanken. Seine große Mühe erleichterte mir die Fertigstellung meines Buches sehr.

Ebenso dankbar bin ich auch Dr. Hubert Feichtlbauer (katholischer Publizist, ehemaliger Chefredakteur der „Furche“ und ehemaliger Vorsitzender der Plattform „Wir sind Kirche“) und Prof. Dr. Michael Bünker (Bischof der Evangelischen Kirche A. B. in Österreich) für ihre klugen und freundlichen Vorworte.

Weiterführende Literatur

Leo Baeck: „Das Wesen des Judentums", Wiesbaden 1991

Schalom Ben-Chorin: „Bruder Jesus. Der Nazarener in jüdischer Sicht", München 1977

Schalom Ben-Chorin: „Jüdischer Glaube", Tübingen 1975

Schalom Ben-Chorin, Verena Lenzen (Hrsg.): „Lust an der Erkenntnis. Jüdische Theologie im 20. Jahrhundert. Ein Lesebuch", München 1988

Israel Ben Yosef: „Lebendiges Judentum", Bd. I und II, Konstanz 1995

Joseph Blinzler: „Der Prozeß Jesu. Das jüdische und das römische Gerichtsverfahren gegen Jesus Christus auf Grund der ältesten Zeugnisse dargestellt und beurteilt von Joseph Blinzler", Regensburg 1969

Michael Brenner: „Kleine jüdische Geschichte", München 2008

Micha Brumlik: „Was stimmt? Judentum: Die wichtigsten Antworten", Freiburg 2007

Martin Buber: „Das dialogische Prinzip", Heidelberg 1962

Joel Carmichael: „Leben und Tod des Jesus von Nazareth", München 1965

Chaim Cohn: „Der Prozeß und Tod Jesu aus jüdischer Sicht", Frankfurt a. M. 1997

John D. Crossan: „Wer tötete Jesus? Die Ursprünge des christlichen Antisemitismus in den Evangelien", München 1999

Willehad Paul Eckert, Nathan Peter Levinson, Martin Stöhr (Hrsg.): „Antijudaismus im Neuen Testament?", München 1967

Israel Finkelstein, Neil A. Silberman: „Keine Posaunen vor Jericho", München 2004

David Flusser: „Jesus", Reinbek bei Hamburg 1968

Hubert Frankemölle: „Frühjudentum und Urchristentum. Vorgeschichte – Verlauf – Auswirkungen (4. Jahrhundert v. Chr. bis 4. Jahrhundert n. Chr.)", Stuttgart 2006

Weddig Fricke: „Standrechtlich gekreuzigt. Person und Prozeß des Jesus aus Galiläa", Buchschlag bei Frankfurt 1987

Richard E. Friedman: „Wer schrieb die Bibel?", Wien/Darmstadt 1992

Roland Gradwohl: „Grundgesetze des Judentums“, Stuttgart 1984

Walter Homolka: „Jesus von Nazareth: Im Spiegel jüdischer Forschung“, Berlin 2009

Walter Homolka: „Leo Baeck. Jüdisches Denken – Perspektiven für heute“, München 1995

Walter Homolka, Esther Seidel: „Nicht durch Geburt allein. Übertritt zum Judentum“, München 1995

Kirche und Israel, Leuenberger Texte 6, Lembeck 2004

Joseph Klausner: „Jesus von Nazareth. Seine Zeit, sein Leben und seine Lehre“, Berlin 1934

Joseph Klausner: „Von Jesus zu Paulus“, Jerusalem 1950

Hans Küng: „Das Judentum“, München 1991

Peter Landesmann: „Die Juden und ihr Glaube. Eine Gemeinschaft im Zeichen der Tora“, München 1990

Peter Landesmann: „Die Juden und ihre Widersacher“, München 1989

Pinchas Lapide: „Ist die Bibel richtig übersetzt?“, Gütersloh 1987

Pinchas Lapide: „Wer ist schuld an Jesu Tod?“, Gütersloh 1987

Pinchas Lapide, Ulrich Luz: „Der Jude Jesus. Thesen eines Juden, Antworten eines Christen“, Düsseldorf/Zürich 1979

Johannes Lehmann: „Jesus-Report. Protokoll einer Verfälschung“, Düsseldorf 1970

Pnina Nave Levinson: „Einblicke in das Judentum“, Bonifatius 1991

Michael Meyer: „Response to Modernity. A History of the Reform Movement in Judaism“, Oxford 1988

Theodor Much: „Zwischen Mythos und Realität: Judentum, wie es wirklich ist“, Wien 2008

Theodor Much, Karl Pfeifer: „Bruderzwist im Hause Israel. Judentum zwischen Fundamentalismus und Aufklärung“, Wien 1997

Jacob Neusner: „Ein Rabbi spricht mit Jesus“, München 1997

Jakob Petuchowski, Clemens Thoma: „Lexikon der jüdisch-christlichen Begegnung. Hintergründe, Klärungen, Perspektiven“, Freiburg 1994

Armin Pfahl-Traughber: „Antisemitismus in der deutschen Geschichte“, Opladen 2002

Leo Prijs: „Die Welt des Judentums. Religion, Geschichte, Lebensweise“, London 1992

Jonathan A. Romain: „Faith and Practice: A guide to Reform Judaism Today“, London 1991

Jonathan A. Romain, Walter Homolka: „Progressives Judentum: Leben und Lehre“, München 1999

Gilbert S. Rosenthal, Walter Homolka: „Das Judentum hat viele Gesichter“, München 1999

Walter Rothschild: „99 Fragen zum Judentum“, Gütersloh 2006

Julius Schöps (Hrsg.): „Neues Lexikon des Judentums“, Gütersloh/München 1998

Kurt Schubert: „Jüdische Geschichte“, München 1995

Horst Seidler: „Im Namen der Rasse“, Jüdisches Echo, Vol. 44, Okt. 1995

Wolfgang Stegemann: „Jesus und seine Zeit“, Stuttgart 2010

Phillip Sigal: „Judentum“, Stuttgart 1986

Gerd Theissen, Annette Merz: „Der historische Jesus: ein Lehrbuch“, Göttingen 1997

Leo Trepp: „Das Judentum: Geschichte und lebendige Gegenwart“, Hamburg 1982

Geza Vermes: „Die Passion. Die wahre Geschichte der letzten Tage im Leben Jesu“, Darmstadt 2006

Hedwig Wahle: „Das gemeinsame Erbe. Judentum und Christentum in heilsgeschichtlichem Zusammenhang“, Innsbruck/Wien/München 1980

Friedrich Weinreb: „Das Markus-Evangelium“, Bd. I und II, Weiler im Allgäu 1999

Alfred Worm: „Jesus Christus. Die Wahrheit über den ‚wahren‘ Menschen. Eine Recherche“, Wien/Klosterneuburg 1992

Moshe Zemer: „Jüdisches Religionsgesetz heute. Progressive Halacha“, Neukirchen 1999

Anmerkungen und Quellen

1 Joh 4,22
2 Röm 11,18
3 Röm 11,29
4 „Kirche und Israel“, S. 78
5 Mk 15,34; Mt 27,46; Lk 23,44
6 Nachzulesen in jedem jüdischen Gebetsbuch
7 Mt 22,34 ff.; Mk 12,28 ff.; Lk 10,25 ff.
8 Dtn 6,4–9
9 Lev 19,18 und 33; Dtn 10,19 und 27,29
10 Mt 27,25–31; Mk 15,13–15; Lk 23,18–23; Joh 19,6–12
11 Armin Pfahl-Traughber: „Antisemitismus in der deutschen Geschichte“
12 Siehe Kapitel „Antijüdische Beschimpfungen und Vorwürfe im Neuen Testament“
13 Siehe u. a.: Schuldbekenntnis der EKD-Synode 1950; Nostra-Aetate-Erklärung 1965; Grundsatzerklärung der Generalsynode der Evangelischen Kirchen 1965; Erklärung der Evangelischen Kirchen Österreichs („Zeit der Umkehr“) 1998
14 Joh 18,31
15 Tal y San 1,1; Tal b San 41b
16 Tal b San 52b
17 Flavius Josephus: Antiquitates Judaicae (Jüdische Altertümer)
18 Mt 27,24
19 Tal y Sot 5; Tal b Sot 22
20 Mt 23,1 ff.
21 Mk 12,28–34; Lk 7,36 und 14,1
22 Apg 5,34–39
23 Apg 23,9
24 Lk 6,15
25 Nachzulesen bei Johannes Lehmann: „Jesus-Report“
26 Mk 12,28 ff.
27 Martin Buber: „Ich und Du“ in Buber: „Das dialogische Prinzip als Grundlage des menschlichen Zusammenlebens und der Beziehung zu Gott. Eine ganzheitliche Betrachtung.“ Gott wohnt Bubers Welt inne. In jedem Du reden wir das Ewige an.
28 Ex 3,14
29 Ex 3,14
30 Gen 17 ff.
31 Gen 15,5
32 Gen 15,4–20 und 17,4–14
33 Ex 6,2–8 und 19,5–6; Lev 20,22–27 und 26,14–46; Dtn 4,32–40, 5,1–3, 26,16–19 und 29,9–14
34 Ex 24,7
35 Lev 26,45; Jes 19,24 f.; Ps 105,8–11
36 Dtn 7,6–8
37 1 Petr 2,9 f.; Tit 1,1; Hebr 8,13
38 Siehe Kapitel „Antijüdische Beschimpfungen und Vorwürfe im Neuen Testament“
39 Lev 19,18
40 Lev 19,33–34; Dtn 10,19
41 Dtn 27,19

42 Ex 23,5
43 Spr 25,21
44 Lev 19,17–18
45 Ps 30,6
46 Ex 21,23
47 Ex 21,18–19
48 Tal BK 8,1
49 Tal BK 8,1
50 Sach 8,16
51 Tal P. Avot 1,12 und 18
52 Tal Git 61a
53 Lev 19,18
54 Ex 23,1
55 Tal P. Avot 1,6
56 Tal San 4
57 Tal Yom 8,6
58 Dtn 15,7
59 Tal BK 10,15
60 Tal Chulin 94a
61 Tal BM 30b; Tal San 81a; Tal Shab 31a; Lev 19,13 und 19,35
62 Mt 22,21
63 Sach 9,9
64 In Anlehnung an Dan 7,13
65 Mt 16,17–25; Mk 8,29; Lk 9,18–21
66 Dan 7,13
67 Siehe Mt 22,41; Mk 12,35; Lk 20,41
68 Dan 7,13
69 Tal Per 87b
70 Tal Tan: Lech lecha 6,32
71 Piskei Ouziel 65
72 Piskei Ouziel 63a
73 Mk 9,5; Joh 3,2
74 Jos; Ri 1 und 2; 2 Kön
75 Jes, Jer, Ez und das Zwölfprophetenbuch (Dodekapropheton)
76 Am 7,10
77 Jer 20,2
78 1 Kön 19,10; Jer 2,30; Neh 9,26
79 Jes 5,1 und 7,23
80 Mt 21,33 ff.
81 Jer 26
82 1 Thess 2,15; Mt 21,33; Mk 12,1
83 Tacitus: Annalen 15,44
84 Joh 4,22
85 Röm 9,4, 11,1 f. und 11,18
86 Lk 2,21 ff.
87 Mk 1,39; Mt 4,23; Lk 4,16; Joh 18,20
88 Mk 6,56
89 Mk 1,44; Mt 5,23 f.
90 1 Kön 17,17

91 Mk 3,1–6; Mt 12,9; Lk 6,6–11
92 Mk 2,27
93 Tal Yom 85b
94 Mk 7,1 ff.; Mt 15,1 ff.
95 Am 5,21 ff.
96 Jes 1,11 ff.
97 Mt 5,18
98 Mk 12,28 ff.
99 Dtn 6,4–9
100 Lev 19,17–18 und 19,33–34
101 Dtn 10,19 und 27,19
102 Mt 7,12; Lk 6,31
103 Tal Shab 31a; Tob 4,15
104 Tal Git 61a
105 Mt 15,32 ff.; Mk 7,24 ff.
106 Mt 5–7; Lk 17,3
107 Lev 19,17–18; Ps 30,6
108 Mt 5,38–39
109 Tal P. Avot 1,12 und 1,18
110 Mt 10,5 und 15,24
111 Tal San 56a,b
112 Orach chajim 156,1; Tal Tos San 63b
113 Tal Tos San 13,2 – Rab. Josua
114 Tal Hil Teschuwah 3,5 – Moses ben Maimon
115 Tal Pes 87b
116 Mt 5,27–32
117 Mk 4,26, 4,30 und 9,1
118 Mk 8,38; Mt 16,27; Lk 17,20 ff.
119 Mk 10,45
120 Mt 24,3 ff.; Mk 13,7 ff.; Lk 21,7 ff.
121 Dan 7,13
122 Mk 12,23; Lk 20,33
123 Mk 11,4
124 Mk 8,29; Mt 16,13–17; Lk 9,18–21
125 Mk 13,5; Mt 24,5
126 Mk 2,10 und 2,28
127 Mk 8,31
128 Mk 14,36; Mt 26,42; Lk 22,42
129 Mk 14,62; Mt 26,64; Lk 22,70
130 Joh 4,25
131 Jes 1,10 ff. und 21
132 Mt 23,13 ff.
133 Mk 13,2; Mt 24,1; Lk 19,41 ff.
134 Jes 66,22
135 Mt 21,10
136 Mk 11,15 ff.; Mt 21,12–17; Lk 4,16
137 Jer 7,11
138 Joh 2,19
139 Joh 2,19–21
140 Mt 23,1

141 Johannes Lehmann: „Jesus-Report“
142 Mk 14,62
143 Joh 5,19 ff.
144 Mt 27,11; Mk 15,2–3; Lk 23,2–4; Joh 18,36–37
145 Joh 2,19–21
146 Mt 21,10
147 Mk 11,9
148 Ps 118,25–26
149 Pinchas Lapide: „Der Jude Jesus“
150 Mk 14,43
151 Mt 26,47
152 Lk 22,47–53
153 Joh 18,3
154 Sach 11,12; Ps 41,10
155 Mt 26,55
156 Lk 6,12–16
157 Johannes Lehmann: „Jesus-Report“, Kapitel 9
158 Mt 26,57
159 Mk 14,53 ff.; Mt 26,57; Lk 22,54 ff.
160 Mk 15,1 ff.; Lk 22,66
161 Joh 17,12
162 Mt 26,57 ff.; Mk 14,55 ff.; Lk 22,66 ff.
163 Joh 18,12 ff.
164 Mk 15,1 ff.
165 Mt 27,1 ff.
166 Lk 23,2–5
167 Joh 18,28–38
168 Mk 15,6 ff.
169 Mt 27,15 ff.
170 Lk 23,13 ff.
171 Joh 18,28–19 ff.
172 Mt 27,24–25
173 Mk 15,10; Mt 27,18 (nicht aber bei Lk und Joh)
174 Joh 4,22 („Das Heil kommt von den Juden“); Röm 9,4 („Gottes erwähltes Volk“), Röm 11,1 („Von Gott nicht verstoßen“), Röm 11,18 ff. („Nicht ihr tragt die Wurzel, sondern die Wurzel trägt euch“)
175 Talmud: Noachidische Gebote
176 Koran 3,20–21
177 Koran 4,46
178 Koran 5,13
179 Koran 5,51
180 Koran 2,65, 5,60 und 7,166
181 Koran 5,82
182 Koran 6,146
183 Koran 9,30
184 Koran 62,6–7
185 Koran 2,122
186 Koran 5,20–21, 7,137 und 17,104
187 Schalom Ben-Chorin: „Bruder Jesus, der Nazarener in jüdischer Sicht“

POLITIK & GESELLSCHAFT

Reinhold Gärtner

POLITIK DER FEINDBILDER

Rechtspopulismus im Vormarsch

192 Seiten
gebunden mit
Schutzumschlag
Format 13,5 x 21,5 cm
ISBN 978-3-218-00798-6
Kremayr & Scheriau, 2009

Die Feindbilder sind alt und bekannt, werden je nach Bedarf geändert und an aktuelle Befindlichkeiten angepasst. Kontinuierlich werden in UN-Berichten Fälle von Rassismus und Fremdenfeindlichkeit in Österreich aufgezeigt und kritisiert – und ebenso kontinuierlich werden diese hier bestritten. Steht es so schlecht um die österreichische Sensibilität, dass die alltäglichen Diskriminierungen, Misshandlungen und Brutalitäten nicht einmal dann wahrgenommen werden, wenn andere darauf aufmerksam machen? Oder kann man dagegen etwas tun? Eine erschreckende Bestandsaufnahme und ein Aufruf, rechtspopulistischen Strömungen nicht tatenlos zuzusehen.